◇ **ひらがな** ◇

あ(아)	い(이)	う(우)	え(에)	お(오)
か(가)	き(기)	く(구)	け(게)	こ(고)
さ(사)	し(시)	す(수)	せ(세)	そ(소)
た(다)	ち(찌)	つ(쓰)	て(데)	と(도)
な(나)	に(니)	ぬ(누)	ね(네)	の(노)
は(하)	ひ(히)	ふ(후)	へ(헤)	ほ(호)
ま(마)	み(미)	む(무)	め(메)	も(모)
や(야)		ゆ(유)		よ(요)
ら(라)	り(리)	る(루)	れ(레)	ろ(로)
わ(와)				を(오)
				ん(응)

ア (아)	イ (이)	ウ (우)	エ (에)	オ (오)
カ (가)	キ (기)	ク (구)	ケ (게)	コ (고)
サ (사)	シ (시)	ス (수)	セ (세)	ソ (소)
タ (다)	チ (찌)	ツ (쓰)	テ (데)	ト (도)
ナ (나)	ニ (니)	ヌ (누)	ネ (네)	ノ (노)
ハ (하)	ヒ (히)	フ (후)	ヘ (헤)	ホ (호)
マ (마)	ミ (미)	ム (무)	メ (메)	モ (모)
ヤ (야)		ユ (유)		ヨ (요)
ラ (라)	リ (리)	ル (루)	レ (레)	ロ (로)
ワ (와)				ヲ (오)

ン (응)

＊초보자를 위한

日本語會話

Japanese language beginning course

우리가 일본어를 알아야 할 필요성은 하루하루
해가 거듭될수록 더욱 더 절실하게 느끼게 됩니다.
우리와 가장 멀고도 가까운 일본은 경제, 문화등
각 분야에 걸쳐 선진대열에서 세계의 강대국으로
발돋움하고 있음은 누구나 잘 아는 사실입니다.

이책은 꼭 익혀야 할 기초어휘만을 간추려 회화
중심으로 다루었습니다. 처음 습득할 때는 한글
'토'로 몇 번 반복한 뒤 '히라가나'의 발음으로
연습하면 누구나 쉽게 익혀나갈 수 있을
것입니다. 오른쪽 하단에 단어 하나하나를 풀이
했으므로 단어공부에도 빠른 효과가 있으리라
확신합니다. 꾸준히 노력하여 많은 도움이
되었으면 하는 바램입니다.

– 엮은이 –

●차례 ●

오하요오고자이마스
1. おはようございます。

A : 金さん。おはようございます。
<small>김 상　오 하 요 오 고 자 이 마 스</small>

B : 李さん。おはようございます。
<small>이 상　오 하 요 오 고 자 이 마 스</small>

A : 最近いかがですか。
<small>사이낑 이 까 가 데 스 까</small>

B : ええ, おかげさまで, 元気です。
<small>에에　오 까 게 사 마 데　겡 끼 데 스</small>

　　金さんは。
<small>김 상 와</small>

A : ええ, おかげさまで, 私も元気です。
<small>에에　도 까 게 사 마 데　와다시모 겡 끼 데 스</small>

1. 안녕하십니까?

A : 안녕하십니까? 미쓰 김。

B : 안녕하십니까? 미스터 리。

A : 요즈음 어떻습니까?

B : 예, 덕분에。 미스터 김은요?

A : 예, 저도 덕분에 건강합니다。

◇ おはよう : 안녕하십니까? (아침 인사말)
　　동료나 손아래 사람에게는 그대로 쓰여지지만 손
　　위 사람에게는「ございます」까지 붙여야 한다.
◇「～さん」: 사람의 이름이나 가족 관계의 호칭에
　　붙여서 쓰는 접미어.
◇ いかが : 어떠하다.
◇ さいきん (最近) : 최근, 요즈음
◇ おかげさまで : 덕분에
◇ わたしも : 저도
◇ げんき (元気) : 건강

※ ～です : (～입니다) 의 뜻을 가진「助動詞」로
　　「～だ」(～이다) 의 정중한 뜻. 의문문의 경우에
　　는 끝에「か」를 붙인다.

2. こんにちは。

A：こんにちは。

B：あっ，こんにちは。

A：どこかへおでかけですか。

B：ええ，ちょっと買物に行く
ところです。

A：しばらくおあいしませんでしたが，
皆さんおかわりありませんか。

B：ええ，おかげさまでみんな
元気です。
では，さようなら。

A：さようなら。

14

2. 안녕하세요?

A : 안녕하십니까?

B : 아, 안녕하세요?

A : 어디 가시는 길입니까?

B : 예, 잠깐 물건 좀 사러가는 길입니다。

A : 오랫동안 뵙지 못했습니다만, 모두들 안녕
　　하신지요?

B : 예, 덕택으로 모두들 잘 있습니다。
　　그럼, 안녕히 가십시오。

A : 예, 안녕히。

◇ こんにちは : 안녕하십니까? (낮 인사)
◇ かいもの (買物) : 물건을 삼, 산 물건。
◇ しばらく : 잠시 동안, 잠깐, 오래간만。
◇ おあい (お会) しませんが : 만나 뵙지 못했습니다만。
◇ みんな : 모두들。
◇ さようなら : 헤어질 때의 인사말。

3. こんばんは。

A： こんばんは。

B： まあ，金さん，こんばんは。

A： とても，むしあついですね。

B： ほんとうにたまりませんね。

A： おでかけですか。

B： ええ，ともだちに招待を
されたんですよ。

A： それは，よかったですね。
何かお祝いですか。

B： ええ，おたんじょう日の
パーティですの。

A： そうですか。

3. 안녕하세요?

A : 안녕하십니까?

B : 어머, 미스터 김, 안녕하세요?

A : 매우 덥군요.

B : 정말 견디기 어려워요.

A : 어디 외출하십니까?

B : 예, 친구집에 초대 받아서요.

A : 그거 좋은 일이군요. 무슨 축하입니까?

B : 예, 생일 파티예요.

A : 그렇습니까?

◇ こんばんは : 안녕하십니까? (저녁, 밤의 인사말)
◇ とても : 매우
◇ むしあつい : 무덥다, 후덥지근하게 덥다.
◇ ともだち : 친구.
◇ ええ : 「はい」와 마찬가지로 질문에 대한 긍정적인 답으로 쓰이는데, 「ええ」보다 「はい」가 좀 더 정중한 말씨이다.
◇ いわ(祝)い : 축하.
◇ たんじょう : 탄생. 「たんじょうび」: 생일날.
◇ パーティ : 파티(party).

4. いい日ですね。
_{이이히데스네}

A : 気持ちのいい日ですね。
_{기모찌노이이히데스네}

B : ええ，ほんとうに。
_{에에　혼또오니}

ところで，どちらへ。
_{도꼬로데　도찌라에}

A : ちょっとそこまでさんぽに
_{죠　또소꼬마데　산　뽀니}

行くところなんですよ。
_{이꾸도꼬로　난　데스요}

B : そうですか。あさのさんぽは
_{소오데스까　아사노　산　뽀와}

いいですね。
_{이이데스네}

A : ええ，ところで李さんはどちらへ。
_{에에　도꼬로데이　상　와도찌라에}

B : 私はそこまで，かいものに行く
_{와다시와소꼬마데　가이모노니이꾸}

ところです。
_{도꼬로데스}

18

4. 좋은 날이군요。

A : 기분 좋은 날이군요。

B : 예, 그렇군요。
그런데, 어디에?

A : 잠깐 저기까지 산책하러 가려는 참
입니다。

B : 그래요? 아침 산책은 좋지요。

A : 예, 그런데 미스터 리는 어디에?

B : 나는 저기까지 물건을 사러 갑니다。

◇ きも(気持)ち : 기분。 ◇ いい : 좋다。
◇ ひ(日) : 날。 ◇ ところで : 어디에。
◇ どちら : 어느 방향, 어느 쪽。
◇ ちょっと : 잠시, 잠깐。
◇ そこ : 그 곳, 그 장소。 ◇ まて : ～까지。
◇ さんぽ : 산보, 산책。 ◇ あさ : 아침。
◇ わたし : 나, 본인。
◇ かいもの : 물건을 삼, 산 물건。

※ ～へ : (～에, ～로)라는 뜻으로 動作의 目標를
나타내는 助詞. 助詞로 쓰이면 「え」로 발음된
다。

5. がっこうですか。

A：いいおてんきですね。

B：ええ，ほんとうに。もうあきですね。

A：今日はがっこうですか。

B：いいえ，がっこうじゃありません。
　　としょかんです。

A：なにのっていらっしゃいますか。

B：たいていバスです。

A：あすもてんきになるとおもいますか。

B：いいえ，あすはあめがふるそうですよ。

5. 학교에 가십니까?

A : 좋은 날씨군요。

B : 예, 그래요。 이제 가을인걸요。

A : 오늘은 학교에 가십니까？

B : 아니요, 학교에 가지 않습니다。
   도서관에 갑니다。

A : 무엇을 타고 가십니까？

B : 보통 버스를 타고 갑니다。

A : 내일도 좋은 날씨가 될 것 같습니까？

B : 아니요, 내일은 비가 온다는군요。

◇ いい : 좋다, よい와 같은 뜻。
◇ おてんき : 날씨, 좋은 날씨。
◇ ほんとうに : 참말로。 ◇ あき : 가을。
◇ きょう(今日) : 오늘。 ◇ もう : 벌써, 이제, 또。
◇ たいてい : 대개。 ◇ としょかん : 도서관。
◇ いらっしゃいます : 가십니다, 오십니다, 계십니다。
◇ あす : 내일。 ◇ あめ : 비。

※ 〜ね : (〜군요, 〜요, 〜로군) 의 뜻으로 가벼
   운 감동을 나타내거나 상대방에게 동의를 구할
   때 쓰인다。
   〜で : (〜으로, 〜로써) 라는 뜻으로 수단・방
   법을 나타내는 助詞。

21

6. あしたおやすみですね。

A：あしたおやすみですね。

B：あさってもですよ。

A：あっ，そうでしたね。

こんなことはめったにありませんね。

どこかでかけましょうか。

B：ええ，じゃ，つりにでもで行きませんか。

A：それはいいですね。

B：じゃ，あすのあさしちじに駅前の

ふんすいのところであいましょう。

※ 요일

にちようび：일요일	もくようび：목요일
げつようび：월요일	きんようび：금요일
かようび　：화요일	どようび　：토요일
すいようび：수요일	

6. 내일이 휴일이군요。

A : 내일이 휴일이군요。

B : 모레도 휴일입니다 그려。

A : 아! 그렇군요。
　　이런 일은 좀처럼 없죠。
　　어디 좀 놀러 갈까요?

B : 예, 그럼 낚시하러 가지 않겠습니까?

A : 그게 좋겠군요。

B : 그럼, 내일 아침 7시 역 앞 분수 있는
　　곳에서 만납시다。

◇ つり : 낚시질。
◇ でかける : 떠나다, 나가려 하다, 나가는 도중。
◇ あした(明日)「あす」: 내일, 명일。
◇ あさって : 모레。
◇ あっ : 아! (감탄사)。
◇ こんな : 이런。
◇ こと : 일。
◇ めったに : 좀처럼。
◇ どこか : 어딘가。
◇ いいです : 좋습니다。　　◇ えき(駅) : 역。
◇ じゃ : 그럼。　　　　　　◇ まえ(前) : 앞。
◇ あいましょう : 만납시다。◇ ふんすい : 분수。

23

7. あすのごごつりにいきませんか。

A：あすのごごつりにいきませんか。

B：金さんはつりが上手だそうですね。

A：いいえ，ただにちようびはよく

　　ゆうじんとつりに行くだけなんですよ。

B：このまえのにちようびはよく

　　つれましたか。

A：ええ，よくつれましたよ。

7. 내일 오후에 낚시 안 가시겠습니까?

A : 내일 오후에 낚시 안 가시겠습니까?
B : 미스터 김은 낚시에 능하시다면서요?
A : 아니요, 그냥 일요일에 친구들과 낚시 다닐
   정도입니다.
B : 전번 일요일에는 잘 잡혔습니까?
A : 예, 잘 되었습니다.

◇ あす : 내일, 명일。
◇ つりに : 낚시하러。「つり」: 낚시。
◇ じょうず(上手) : 잘함, 능함。
◇ ただ : 무료, 보통, 예사。
◇ まえ : 앞, 이전。
◇ よく : 잘。
◇ つれましたか : 낚시가 잘 되었읍니까?
◇ だけ : ～만큼, ～대로。

※ 낚시에 관한 단어
つり : 낚시。
つりし : 낚시꾼。
つりげ : 낚시터。
つりえさ : 낚싯밥。
つりげり : 낚시 바늘。

8. ごしょうかいいたします。
고 쇼 오까이이따시마스

A : ご紹介 いたします。
고쇼오까이 이 따 시 마 스

こちらは山本さんです。
고 찌 라 와야마모도 상 데 스

こちらは李さんです。
고 찌 라 와 이 상 데 스

B : はじめまして。どうぞよろしく。
하 지 메 마 시 떼 도 오 조 요 로 시 꾸

C : はじめまして。李と申します
하 지 메 마 시 떼 이 또모우시마스

こちらこそ，どうぞよろしく
고 찌 라 꼬 소 도 오 조 요 로 시 꾸

お願いします。
오 네가이 시 마 스

B : 李さんですか。
이 상 데 스 까

お名前はよく存じあげております。
오 나 마 에 와 요 꾸 존 지 아 게 떼 오 리 마 스

26

8. 소개하겠습니다。

A : 소개하겠습니다。

　　이 분은 야마모토씨입니다。

　　이 분은 이씨입니다。

B : 처음 뵙겠습니다。 잘 부탁합니다。

C : 처음 뵙겠습니다。 미스터 리라고 합니다。

　　제가 오히려 잘 부탁합니다。

B : 이 선생님이십니까 ?

　　성함은 잘 알고 있습니다。

◇ しょうかい (紹介) : 소개。
◇ はじめまして : 처음 뵙겠습니다。
◇ どうぞ : 부디, 아무쪼록。　◇ こちら : 이 쪽, 이 분。
◇ もう (申) します : 말합니다。　◇ なまえ : 이름。
◇ ぞん (存) じあげております : 알고 있습니다。
◇ よく : 충분히, 잘。　◇ から : ~로 부터。

※ ~は : (~는, ~은) 의 뜻을 가진 助詞로 발음
　은 「わ」로 읽는다.
　お : 체언・용언 위에 붙어서 존경・친절의 뜻을
　　　나타내는 말. 「おなまえ」: 성함。

9. はじめまして。

A : こんにちは。

B : こんにちは。
しつれいですが, おなまえは
なんとおっしゃいますか。

A : 李ともうします。

B : はじめまして。わたくしは
金です。どうぞよろしく。

A : はじめまして。こちらこそ,
どうぞよろしくおねがいします。

B : さあ, どうぞおかけください。

A : ありがとうございます。

9. 처음 뵙겠습니다.

A : 안녕하십니까?

B : 안녕하십니까?
　　실례입니다만, 성함이 어떻게 되십니까?

A : 李라고 합니다.

B : 처음 뵙겠습니다. 저는 金이라고 합니다.
　　잘 부탁합니다.

A : 처음 뵙겠습니다. 저야말로 잘 부탁 드
　　립니다.

B : 자아, 어서 앉으십시오.

A : 감사합니다.

◇ しつれいですが : 실례입니다만(상대방에 관하여
　　묻고자 할 때 쓰는 말).
◇ なまえ : 이름.
◇ もうします : 말합니다. 「いいます」의 겸양의 말.
◇ はじめまして : 처음 뵙겠습니다.
◇ こちらこそ : 저야말로.
◇ ねがい : 바라는 일. 소원. ,

※ わたくし : 「わたし」(나)의 공손한 말. (저)의
　　뜻.

10. ごめんください。

A : ごめんください。

B : はい。

A : さきほどおでんわさしあげました
金というものですが，
李さんいらっしゃいますか。

B : はい，ちょっとおまちくださいませ。

A : はい。

B : どうもおまたせしました。
どうぞおあがりください。

A : では，しつれいいたします。

B : どうぞ，こちらへ。

30

10. 실례합니다。

A : 실례합니다。

B : 예。

A : 조금 전에 전화를 드린 金이라는
사람입니다만, 李선생 댁에 계시는지요?

B : 예, 잠깐만 기다려 주십시오。

A : 예。

B : 기다리시게 해서 죄송합니다。
어서 올라 오십시오。

A : 그럼, 좀 실례하겠습니다。

B : 이리로 들어 오십시오。

◇ ごめんください : 실례합니다。
◇ さきほど : 아까, 조금전에。
◇ さしあげる : 드리다。
◇ もの : 물건, 사람을 낮추어서 하는 말。
◇ ください : ~해 주십시오。
◇ でんわ : 전화。
◇ いう : ~를 ~라고(하다)。
◇ しつれい : 실례。

11. もしもし。 (모시모시)

A：もしもし，ムンジャさん， (모시모시 문자 상)
いらっしゃいますか。 (이랏샤이마스까)

B：ムンジャはいまいませんが。 (문자 와 이마 이마 셍 가)
どなた様でしょうか。 (도나따 상 데 쇼 오까)

A：わたしミンともうします。 (와다시 민 또모우시마스)

B：ああ，ムンジャのおともだちですね。 (아아 문자 노오도모다찌데스네)
たしか，こうこうじだいの。 (다시까 고오고오지다이노)

A：ええ，そうです。 (에에 소오데스)

B：ミンさん，ムンジャのははです。 (민 상 문자 노하하데스)

A：ああ，おかあさんですか。 (아아 오까아 상 데스까)
ごぶさたいたしております。 (고부사따이따시떼오리마스)

11. 여보세요。

A : 여보세요。 문자씨 계시나요？

B : 문자는 지금 없습니다만 누구십니까？

A : 저 민 양인데요。

B : 아아, 문자의 친구로군요。
    분명히 고교 시절의？

A : 예, 그렇습니다。

B : 민양, 나는 문자의 에미예요。

A : 어머, 어머님이세요？
    오래간만입니다。

◇ どなたでしょうか : 누구십니까？
◇ ともだち : 친구, 친우。
◇ たしか : 분명히, 틀림없이。
◇ こうこうじだい : 고교 시절。
◇ はは
◇ おかあさん : 어머님。
◇ ごぶさた : 한 동안 소식을 전하지 못함。 무소식。

※ ～の : (～의) 라는 뜻으로 소유를 나타내는 助詞。

12. それじゃ，そろそろおいとまします。

A : ようこそいらっしゃいました。
今日ねがっこうはおやすみですか。

B : はい，ごごは何もありませんので…，
でも，おじゃまではございませんか。

A : いいえ，とんでもありません，
ちょうどひまでたいくつしていた
ところです。

B : それじゃ，そろそろおいとまします。

A : もうすこしゆっくりして
いらっしゃってください。

B : いいえ，おそくまでおじゃま
いたしました。

34

12. 그러면, 이만 물러가겠습니다.

A : 참 잘 오셨습니다.
   오늘은 학교 강의가 없습니다?
B : 예, 오후 시간은 비어 있기 때문에 … .
   그런데, 폐가 되지 않겠습니까?
A : 아니요, 마침 시간이 비어서
   지루하던 참입니다.
B : 그러면 이만 물러가겠습니다.
A : 좀 더 노시다가 가십시오.
B : 아닙니다. 늦게까지 실례했습니다.

───────────────

◇ きょう(今日) : 오늘.
◇ ようこそ : 정말, 잘.
◇ がっこう(学校) : 학교.
◇ やすみ : 쉼, 휴식, 휴가.
◇ ございます : 「あります」의 정중한 말.
◇ ひま : 한가, 틈, 시간.
◇ すこし : 약간, 조금.
◇ じゃま : 방해.
◇ おそくまで : 늦게까지.
◇ そろそろ : 슬슬 (동작을 조용하게
            천천히 하는 모양)
◇ ゆっくり : 천천히.

13. おまちしております。
<small>오 마 찌 시 떼 오 리 마 스</small>

A : いろいろおせわになりました。
<small>이 로 이 로 오 세 와 니 나 리 마 시 따</small>

B : いいえ，こちらこそ。
<small>이 이 에　고 찌 라 꼬 소</small>

またおめにかかれるかもしれませんね。
<small>마 따 오 메 니 가 까 레 루 까 모 시 레 마　셍　네</small>

A : こんどぜひ日本にもいらっしゃってく
<small>곤　도 제 히 니 혼 니 모 이 랏　 샷　 떼구</small>

ださい。おまちしでおります。
<small>다 사 이　오 마 찌 시 떼 오 리 마 스</small>

B : ぜひ，じゃ，もうそろそろおはいりに
<small>제 히　 쟈　 모 오 소 로 소 로 오 하 이 리 니</small>

ならないといけませんね。
<small>나 라 나 이 또 이 께 마　셍　네</small>

A : ええ，ではおげんきで。さようなら。
<small>에 에　데 와 오 겡　 끼 데　사 요 나 라</small>

B : じゃ，お気をつけて。さようなら。
<small>쟈　오 끼 오 쓰 께 데　사 요 나 라</small>

13. 기다리고 있겠습니까.

A : 여러 가지로 폐가 많았습니다.

B : 아닙니다. 제가 오히려.
　　 다시 뵙게 될지도 모르겠습니다.

A : 이 다음 일본에도 꼭 와 주십시오.
　　 기다리고 있겠습니다.

B : 자, 그럼 천천히 들어가 보셔야죠.

A : 예, 아무쪼록, 몸 건강하시고
　　 안녕히 계십시오.

B : 그럼, 조심해서 안녕히 가십시오.

◇ いろいろ : 여러 가지.
◇ おせわになりました : 신세 많이 졌습니다.
　 폐를 끼쳤습니다.
◇ おめにかかれるかも : 만나 뵙게 될지도.
◇ おめにかかる : 만나 뵙다.
◇ こんど : 이다음.
◇ ぜひ : 반드시, 꼭, 제발, 부디.
◇ げんき : 건강한 모양.

14. きょうはなんにちですか。
교 오와 난 니찌데스까

A : きょうはなんにちですか。
교 오와 난 니찌데스까

B : さんがつみっかです。
산 가쯔 밋 까데스

A : あなたのたんじょうびはいつですか。
아나따노 단 죠 오비와이쯔데스까

B : はちがつじゅうごにちです。
하찌가쯔 쥬 - 고니찌데스

※ 숫자 익히기

일 : いち		이 : に	
삼 : さん		사 : し, よ, よん	
오 : ご		육 : ろく	
칠 : しち, なな		팔 : はち	
구 : く, きゅう		십 : じゅう	

14. 오늘은 몇 일입니까?

A : 오늘은 몇 일입니까?

B : 3 월 3 일입니다。

A : 당신 생일은 언제입니까?

B : 8 월 15일입니다。

◇ きょう : 오늘。
◇ なんにち : 며칠。
◇ さんがつ : 3 월。
◇ みっか : 3 일。
◇ きみ : 자네, 너。
◇ たんじょうび : 생일。
◇ はちがつ : 8 월。
◇ じゅうごにち : 15일。

※ 달의 호칭

1월 : いちがつ		2월 : にがつ	
3월 : さんがつ		4월 : しがつ	
5월 : ごがつ		6월 : ろくがつ	
7월 : しちがつ		8월 : はちがつ	
9월 : くがつ		10월 : じゅうがつ	
11월 : じゅういちがつ		12월 : じゅうにがつ	

15. きみはなんさいかい。

A：きみはなんさいかい。

B：じゅうななさいです。

A：きみはいくつかい。

C：ぼくもじゅうななさいです。

A：じゃ，きみのおとうとはなんさいかい。

B：ごがつでじゅうさんさいになります。

15. 자네는 몇 살인가?

A : 자네는 몇 살인가?

B : 열 일곱 살입니다。

A : 자네는 몇 살인가?

C : 저는 열 일곱 살입니다。

A : 그러면, 자네 동생은 몇 살인가?

B : 5월이 되면 열 세 살입니다。

___

◇ きみ : 자네, 너。
◇ なんさい : 몇 살。
◇ じゅうしちさい : 열 일곱 살。
◇ ぼく : 나。
◇ おとうと : 동생。
◇ ごがつ : 5월。
◇ じゅうさんさい : 열 세 살。
◇ なります : 됩니다。

16. ごきょうだいはなんにんですか。
_{고 꾜 오다이와 난 닌 데스까}

A : ごきょうだいはなんにんですか。
_{고 꾜 오 다 이 와 난 닌 데스 까}

B : さんにんです。
_{산 닌, 데스}

A : おんなのきょうだいはなんにんですか。
_{온 나노 꾜 오 다 이 와 난 닌 데스 까}

B : みんなおとこのきょうだいです。
_{민 나 오 도 꼬 노 꾜 오 다 이 데스}

　じょせいはひとりもいません。
_{죠 세 이 와 히 또 리 모 이 마 생}

A : うちは女性ばかりさんにんです。
_{우 찌 와 죠세이바 까 리 산 닌 데스}

B : 男性はひとりもいませんか。
_{단세이와 히 또 리 모 이 마 생 까}

A : ええ, ひとりもいません。
_{에 에 히 또 리 모 이 마 생}

※ 사람 수 세는법

ひとり : 한 사람,　　　　ふたり : 두 사람,
さんにん : 세 사람,　　　よにん : 네 사람,
ごにん : 다섯 사람,　　　ろくにん : 여섯 사람,
しちにん : 일곱 사람,　　はちにん : 여덟 사람,
きゅうにん : 아홉 사람,　じゅうにん : 열 사람,
じゅういちにん : 열 한 사람。

16. 형제는 몇 분이십니까?

A : 형제는 몇 분이십니까?

B : 3명입니다.

A : 여자 형제는 몇 분이십니까?

B : 모두 남자 형제입니다.
　　여자 형제는 한 사람도 없습니까.

A : 우리 집은 여자만 셋입니다.

B : 남자는 한 사람도 없습니까?

A : 예, 한 사람도 없습니까.

◇ きょうだい : 형제.
◇ なんにん : 몇 사람.
◇ さんにん : 3명.
◇ おんな : 여자.
◇ みんな : 모두.
◇ じょせい : 여성.
◇ ひとり : 하나.「ひとりもいません」: 한 사람도 없
　습니다.
◇ うち : 우리 집.
◇ ばかり : ～만. 체언, 용언 등에 붙어서
　　　　　　한정의 뜻을 나타내는 말.

17. うちまではどのくらいありますか。
<ruby>うちまではどのくらいありますか<rt>우찌마데와도노구라이아리마스까</rt></ruby>

A : <ruby>ここからあなたのうちまではどのくらい<rt>고꼬까라아나따노우찌마데와도노구라이</rt></ruby>
<ruby>ありますか<rt>아리마스까</rt></ruby>。

B : <ruby>ここからさんびゃくメートルほど<rt>고꼬까라 산 뱌꾸메 또루호도</rt></ruby>
<ruby>あります<rt>아리마스</rt></ruby>。

A : <ruby>ここからあなたのだいがくまで<rt>고꼬까라아나따노다이가꾸마데</rt></ruby>
<ruby>どのくらいありますか<rt>도노구라이아리마스까</rt></ruby>。

B : <ruby>はちキロくらいできしゃで<rt>하찌끼로구라이데기 샤 데</rt></ruby>
<ruby>じゅうごふんです<rt>쥬 우고 훈 데스</rt></ruby>。

A : <ruby>あなたはどちらのしゅっしんですか<rt>아나따와·도찌라노 슛 싱 데스까</rt></ruby>。

B : <ruby>ソウルです<rt>소우루데스</rt></ruby>。

44

17. 집까지는 얼마나 됩니까 ?

A : 여기서 자네 집까지는 얼마나 됩니까 ?

B : 여기서 약 3백 미터 됩니다.

A : 여기서 당신의 대학까지는 얼마나 됩니까 ?

B : 8 킬로 미터 정도인데 기차로 15분
    걸립니다.

A : 당신은 어느 지방 출신입니까 ?

B : 서울 출신입니다.

◇ ここから : 여기서부터。
◇ うち : 집。
◇ とおい : 멀다, 거리가 길다。
◇ じゅうごふん : 15분。
◇ メートル : 미터(meter)。
◇ さんびゃく : 300。
◇ だいがく : 대학。
◇ キロ : 킬로 미터(kilometer)。
◇ がっこう : 학교。
◇ ちほう : 지방。
◇ しゅっしん : 출신。

18. いまなんじでしょうか。

A : いまなんじでしょうか。

B : わたくしのとけいでは 3 じ45ふん
です が，少し遅れているとおもいます。

A : そうですか。それじゃ 3 じは過ぎて
いますね。

B : ええ，それは確かです。

A : いつもは，テレビであわせるんですけど
きょうはねじをまくのを
わすれたんですよ。

46

18. 지금 몇 시입니까?

A : 지금 몇 시입니까?

B : 제 시계로는 3시 45분인데 좀 늦은 것으로
    생각됩니다。

A : 그래요? 그러면 3시는 지났군요。

B : 예, 그건 확실하죠。

A : 항상 텔레비전에 맞추었는데 오늘은 밥
    주는 것을 잊었군요。

◇ じかん : 시간。
◇ とけい : 시계。 ◇ じ(時) : 시간。
◇ ふん(分) : 1시간의 60분의 1。
◇ おもいます : 생각합니다。
◇ たしか(確か) : 확고하여 움직이지 않음, 틀림없
　고 명백한 모양。
◇ テレビ : 텔레비전(television)。
◇ あわせる : 맞도록 하다, 맞추다, 대조하다。
◇ ねじ : 시계의 태엽을 감다。
◇ わすれました : 깜빡 잊었습니다。
◇ まく : (줄을)감다。

19. カメラをかしていただけませんか。

A : カメラをかしていただけませんか。

B : はい，どうぞ。

A : ありがとう。

B : どういたしまして。

A : カメラをお貸しくださって

ほんとうにありがとうございました。

B : いいえ，どういたしまして。

A : うまくうつっていればいいのですが。

B : きっとうまくうつっていますよ。

A : そうだっといいんですが。

48

19. 카메라 좀 빌려 주지 않겠습니까 ?

A : 카메라 좀 빌려 주지 않겠습니까 ?

B : 그러세요。 여기 있습니다。

A : 감사합니다。

B : 뭘요。

A : 카메라를 빌려주셔서 매우 고마웠습니다。

B : 아니, 천만의 말씀을。

A : 잘 찍혔으면 다행이겠는데요。

B : 잘 찍혔겠지요。

A : 그랬으면 좋겠지만요。

◇ カメラ : 카메라(camera)。

◇ かす : 대여, 빌림, 빌려줌。 대여하다, 빌려주다。

◇ いただけますか : (받을 수 있습니까?) 의 뜻으로 「かして」(빌려서)와 합쳐 (빌려 주실 수 있습니까?) (빌려 주시겠습니까?) 로 의역된다。

◇ すみません : 고맙습니다, 죄송합니다, 감사합니다。

20. タクシー。
다꾸시

A : タクシー。
다꾸시

B : どちらまでですか。
도찌라마데데스까

A : ソウル病院ですが。
소우루뵤오인데스가

B : どうぞ。
도오조

A : すこしいそいでいただけますが。
스꼬시이소이데이따다께마스가

B : はい，かしこまりました。
하이　가시꼬마리마시따

げんかんまで行きましょうか。
겐　깐　마데이끼마 쇼 오까

A : いいえ，ここでおろしてください。
이이에　고꼬데오로시떼구다사이

B : はい。
하이

A : どうも，ありがとう。
도오모　아리가또오

50

20. 택시!

A : 택시!

B : 어디 가시죠?

A : 서울 병원인데요。

B : 어서 타십시오。

A : 좀 바쁜 길인데요。

B : 예, 알겠습니다。
   현관까지 모실까요?

A : 아니예요。여기서 내려 주세요。

B : 네。

A : 매우 고마와요。

◇ タクシー : 택시(taxi)。
◇ どちら : 어느 쪽。
◇ びょういん(病院) : 병원。
◇ いそぐ : 급하다。
◇ げんかん : 현관。

21. ちょっと，すみませんが。

A：あの，ちょっと，すみませんが。

B：はい，なんでしょうか。

A：ちょっとみちにまよってしまいまして。

B：そうですか。それで，どちらへ
　　いかれるんですか。

A：ぎんざのえきのほうへいきたいんですが。

B：ぎんざのえきですか。

A：はい。

B：ぎんざのえきはここですよ。

A：ああ，そうですか。どうも。ありがとう
　　ございました

52

21. 잠깐 실례하겠습니다만。

A : 저, 잠깐 실례하겠습니다만。
B : 예, 무엇인가요?
A : 길을 좀 잃어버렸거든요。
B : 그래요?
　　그런데 어디로 가시는데요?
A : 긴자역 쪽으로 가려고 하는데요。
B : 긴자역입니까?
A : 예。
B : 긴자역은 여긴데요。
A : 아, 그래요? 감사합니다。

◇ ちょっと : 잠깐。
◇ なんでしょうか : 무엇입니까?
◇ みち : 길。
◇ まよう : 길을 잃어 헤매다。
◇ そうですか : 그렇습니까?
◇ ほう : ～쪽。
◇ いきたい : 가려고。

22. このバスはインチョンゆきですか。
<ruby>고노바스와 인 천 유끼데스까</ruby>

A：このバスは インチョン ゆきですか。
<ruby>고노바스와 인 천 유끼데스까</ruby>

B：いいえ，ちがいます。
<ruby>이이에 찌가이마스</ruby>

このあとのバスが インチョンへ まいります。
<ruby>고노아도노바스가 인 천 에마이리마스</ruby>

A：これは インチョン へいきますか。
<ruby>고레와 인 천 에이끼마스까</ruby>

C：はい，まいります。どうぞ。
<ruby>하이 마이리마스 도오조</ruby>

りょうきんをおはらいください。
<ruby>료 오 긴 오오오하라이구다사이</ruby>

きっぷをおきらせねがいます。
<ruby>깃 뿌오오오키라세네가이마스</ruby>

A：インチョンえきまでいくらですか。
<ruby>인 천 에끼마데이꾸라데스까</ruby>

C：50えんいただきます。
<ruby>고쥬 엔 이따다끼마스</ruby>

54

22. 이 버스가 인천행입니까?

A : 이 버스가 인천행입니까?

B : 아닙니다.

　　이 다음 버스가 인천에 갑니다.

A : 이것은 인천에 갑니까?

C : 예, 그렇습니다.

　　요금을 지불하여 주십시오.

　　표를 끊겠습니다.

A : 인천역까지 얼마입니까?

C : 50엔 받습니다.

◇ バス : 버스.

◇ いきますか : 갑니까?

◇ ちがいます : 아닙니다.

◇ この : 이(지시). ◇ あとの : 뒤의, 다음의.

◇ まいります : (갑니다) 의 겸양어.

◇ どうぞ : 아무쪼록, 부디, 제발, 아뭏든.

◇ おはらい : 지불

◇ きっぷ : 차표. ◇ えき (駅) : 역, 정거장.

◇ いくらですか : 얼마입니까?

◇ えん : 돈 (화폐의 기본 단위)

◇ いただきます : 받습니다.

23. あの，すみませんが。

A : あの，すみませんが，ここから
朝鮮ホテルまでは，
どのくらいかかりますか。

B : そうですね。あるいて10ぷん
ぐらいでしょうね。

A : そうですか。じつはみちがわから
なくなってこまっているんです。

B : そうですか。なんでしたら
わたしがごあんないしましょうか。

A : どうもありがとうございます。

23. 저, 죄송합니다만。

A : 저어, 죄송합니다만, 여기서부터 조선
　　호텔까지 어느 정도 걸립니까?

B : 글쎄요。걸어서 10분 정도이겠지요。

A : 그렇습니까? 사실은 길을 몰라
　　쩔쩔매고 있는 중입니다。

B : 그렇습니까? 뭣하시면 제가 안내해
　　드릴까요?

A : 정말 감사합니다。

◇ あの : 먼데 것을 가리키는 말, 저。
◇ すみませんが : 죄송합니다만。
◇ ホテル : 호텔(hotel)。
◇ どのくらい : 어느 정도。
◇ あるいて : 걸어서。
◇ じつは : 실은。
◇ いる : 동작・상태가 계속되고 있는 것을 나타내
　는 말。
◇ なんでしたら : 뭣하면。　◇ ごあんない : 안내。

※ すみません :「ごめんください」와 같이 일본인의
　생활 용어로 많이 쓰인다。남에게 폐를 끼칠 때
　가벼운 뜻으로 쓰인다。

24. ここはどこですか。
_{고꼬와도꼬데스까}

A : すみません。
_{스미마 생}

　　ここはどこですか。
_{고꼬와도꼬데스까}

B : ここは明洞ですよ。
_{고꼬와명동데스요}

A : このちかくにバスていはありませんか。
_{고노지까꾸니바스떼이와아리마 생 까}

B : あのしろいデパートのとなりに
_{아노시로이데빠 또노또나리니}

　　きんこうがあります。そのぎんこうの
_{긴 꼬오가아리마스 소노 긴 꼬오노}

　　まえにバスていがあります。
_{마에니바스떼이가아리마스}

A : そうですか。どうも…。
_{소오데스까 도오모}

　※ 자동차의 종류
じょうよう : 승용차
タクシ : 택시
バス : 버스
ちかてつ : 지하철
しょくどう : 식당차
とっきゅうれっしゃ : 특급열차

58

24. 여기가 어디입니까?

A : 실례합니다.

여기가 어디입니까?

B : 여기는 명동입니다.

A : 이 근처에 버스 정류장은 없습니까?

B : 저 흰 백화점 옆에 은행이 있습니다.

그 은행 앞에 버스 정류장이 있습니다.

A : 그렇습니까? 감사합니다.

◇ すみません : (미안합니다)라는 사과의 뜻 외에 고맙다는 사례의 뜻과 남에게 말을 걸 때에도 쓴다.

◇ ちかく : 가까이, 근처。

◇ バスてい : 버스 정류장。

◇ しろい : 희다, 흰。

◇ デパト : 백화점 (department store)。

◇ ぎんこう : 은행。

※ に : 사물이나 상태가 처해 있는 장소나 입장을 나타내는 조사。

25. こうちゃいかがですか。
<ruby>こ<rt>고</rt>う<rt>오</rt>ちゃ<rt>짜</rt>いかがですか<rt>이까가데스까</rt></ruby>

A : なにになさいますか。
<ruby>な<rt>나</rt>に<rt>니</rt>に<rt>니</rt>な<rt>나</rt>さ<rt>사</rt>い<rt>이</rt>ま<rt>마</rt>す<rt>스</rt>か<rt>까</rt></ruby>

アイスクリームになさいますか。
<ruby>ア<rt>아</rt>イ<rt>이</rt>ス<rt>스</rt>ク<rt>꾸</rt>リ<rt>리</rt>ー<rt></rt>ム<rt>무</rt>に<rt>니</rt>な<rt>나</rt>さ<rt>사</rt>い<rt>이</rt>ま<rt>마</rt>す<rt>스</rt>か<rt>까</rt></ruby>

B : わたしはお中をこわしているので
<ruby>わ<rt>와</rt>た<rt>다</rt>し<rt>시</rt>は<rt>와</rt>お<rt>오</rt>中<rt>나까</rt>を<rt>오</rt>こ<rt>고</rt>わ<rt>와</rt>し<rt>시</rt>て<rt>떼</rt>い<rt>이</rt>る<rt>루</rt>の<rt>노</rt>で<rt>데</rt></ruby>

つめたいものはだめです。
<ruby>つ<rt>쓰</rt>め<rt>메</rt>た<rt>따</rt>い<rt>이</rt>も<rt>모</rt>の<rt>노</rt>は<rt>와</rt>だ<rt>다</rt>め<rt>메</rt>で<rt>데</rt>す<rt>스</rt></ruby>

A : じゃ，こうちゃはいかがですか。
<ruby>じゃ<rt>쟈</rt>こ<rt>고</rt>う<rt>오</rt>ちゃ<rt>짜</rt>は<rt>와</rt>い<rt>이</rt>かがですか<rt>까가데스까</rt></ruby>

B : ええ，じゃ，こうちゃいただきます。
<ruby>え<rt>에</rt>え<rt>에</rt>じゃ<rt>쟈</rt>こ<rt>고</rt>う<rt>오</rt>ちゃ<rt>짜</rt>い<rt>이</rt>た<rt>따</rt>だ<rt>다</rt>き<rt>끼</rt>ま<rt>마</rt>す<rt>스</rt></ruby>

25. 홍차는 어떻습니까?

A : 뭘 드시겠습니까?
    아이스크림으로 할까요?
B : 저는 요즈음 속이 좋지 않아서 찬 것은
    못 먹습니다.
A : 그럼, 홍차는 어떨까요?
B : 예, 그럼 홍차로 하겠습니다。

◇ なにに : 무엇으로。
◇ なさいますか : 하시겠습니까?
◇ アイスクリーム : 아이스크림 (ice cream)。
◇ おなかをこわす : 배탈이 나다。
◇ だめです : 안됩니다。
◇ つめたいもの : 차가운 것은。
◇ こうちゃ (紅茶) : 홍차。

아사고 항 와도오시마스까
26. あさごはんはどうしますか。

아사고 항 와도오시마스까
A : あさごはんはどうしますか。

빵 오다베마스
B : パンをたべます。

소시떼고 히 까 미루꾸오노미마스
そしてコーヒーか, ミルクをのみます。

와다시와미루꾸와노미마 셍
A : わたしはミルクはのみません。

이쓰모고 히 데스
いつもコーヒーです。

데모 야하리고 항 또미소시루노
B : でも, やはりごはんとみそしるの

호우가이이데스네
ほうがいいですね。

소레와소오데스네
A : それはそうですね。

26. 아침 식사는 뭘 드십니까?

A : 아침 식사는 뭘 드십니까?

B : 빵을 먹습니다.

　　그리고 커피나 우유를 마십니다.

A : 저는 우유는 마시지 않습니다.

　　항상 커피를 마시죠.

B : 그러나, 역시 밥과 된장국이 더 좋죠.

A : 그건 역시 그래요.

◇ ごはん : 밥, 식사의 높임말。 ◇ パン : 빵。
◇ たべます : 먹습니다。 ◇ そして : 그리고。
◇ コーヒ : 커피 (coffee)。
◇ ミルク : 우유・밀크(milk)。
◇ のみます : 마십니다。 ◇ いつも : 늘, 언제나, 항상。
◇ でも : 그것은 그렇지마는, 그러나。
◇ やはり : 전과 같이, 본디대로, 과연, 생각대로。
◇ みそしる : 왜된장국。

27. ちょうしょくはなににいたしますか。
죠 오 쇼 구와 나 니 니 이따 시 마스 까

A：メニューでございます。
메 뉴 데 고 자 이 마스

B：ありがとう。
아 리 가 또 오

A：ちょうしょくはなににいたしますか。
죠 오 쇼 구와 나 니 니 이 따 시 마스 까

B：チーズオムレツとオートミールを
찌 스 오므 레 쓰 또 오 또 미 루 오
くださ い。
구 다 사 이
きょうはどんなくだものが
교 오 와 돈 나 구 다 모 노 가
ありますか。
아 리 마스 까

A：グレープフルーツ，りんごそれに
구 레 뿌 후 루 쓰 링 고 소 레 니
なしです。
나 시 데 스

※ 아침식사 단어
コーンフーク：콘 플레이크(corn-flakes)
オートミール：오트 밀(oat-meal)
ドーナッツ：도넛 (doughnut)
ホットケーキ：핫 케이크 (hot-cake)
たまごやき：계란 프라이 (egg-fry)

64

27. 아침식사는 뭘로 하시겠어요？

A : 메뉴, 여기 있습니다。

B : 고맙소。

A : 아침 식사는 뭘로 하시겠어요?

B : 치즈 오믈렛과 오트밀을 주시오。
오늘은 어떤 과일이 있소？

A : 포도와 사과, 그리고 배가 있습니다。

◇ メニュー : 메뉴(menu)。
◇ちょうしょく(朝食) : 아침 식사。
◇チズオムレツ : 치즈 오믈렛(cheese omlet)。
◇きょう : 오늘。
◇どんな : 어떤。
◇くだもの : 과일。
◇ グレープフルーツ : 포도(grapefruit)。
◇ りんご : 사과。
◇ それに : 그리고。
◇ なし : 배。

28. なにがいちばんはやくできますか。

A : なにがいちばんはやくできますか。

B : そうですね,「きょうのとくべつランチ」が
　　はやくできます。

A :「きょうのとくべつランチ」はなんですか。

B : ひらめのフライ, クリームでにた
　　じゃがいも, ウエスタン
　　サンドウイッチそれにコーヒです。

A : じゃ, それを下さい。

B : かしこまりました。

28. 무엇이 제일 빨리 됩니까?

A : 무엇이 제일 빨리 됩니까?

B : 글쎄요, 「오늘의 특별 런치」가 빨리 됩니다.

A : 「오늘의 특별 런치」는 뭔가?

B : 광어 프라이와 크림으로 찐 감자, 웨스턴
　　샌드위치, 그리고 커피입니다.

A : 그럼, 그것을 주시오。

B : 알겠습니다。

◇ なにが : 무엇이
◇ いちばん : 제일。
◇ できるもの : 되는 것。
◇ きょう : 오늘。
◇ とくべつ : 특별。
◇ ランチ : 런치 (lunch)。
◇ ひらめ : 광어。
◇ フライ : 프라이 (fry)。
◇ クリーム : 크림 (cream)。
◇ ウエスタンサンドウイッチ : 웨스턴 샌드위치。

유우 쇼 꾸와나니니나사이마스 까

29. ゆうしょくはなにになさいますか。

유우 쇼 꾸와나니니나사이마스 까
A : ゆうしょくはなにになさいますか。

규 우니꾸노 꽁 소메
B : ぎゅうにくのコンソメ,

티이 본 스떼 끼소시떼마루야끼노
Tボーンステーキそしてまるやきの

쟈 가이모오구다사이
じゃがいもをください。

스떼 끼와도노요오니시마 쇼 오까
A : ステーキはどのようにしましょうか。

미 디 아무니시떼구다사이
B : ミディアムにしてください。

소레까라와 인 오모라이따이노데스 가
それからワインをもらいたいのですが。

아 까니나사이마스까
A : あかになさいますか,

시 로니나사이마스까
しろになさいますか。

아 까오구다사이
B : あかをください。

68

29. 저녁 식사는 무엇으로 하실까요?

A : 저녁 식사는 무엇으로 하실까요?

B : 쇠고기 콩소메, 티이 본 스테이크, 그리고
　　통구이 감자를 주시오。

A : 스테이크는 어떻게 할까요?

B : 반쯤 익게 해 주시오。
　　그리고 와인을 들고 싶은데。

A : 적 포도주입니까? 백 포도주입니까?

B : 적 포도주로 주시오。

◇ ゆうしょく : 저녁 식사。
◇ ぎゅうにく : 쇠고기。
◇ コンソメ : 콩소메(consomme)。
◇ ステーキ : 스테이크(steak)。
◇ じゃがいも : 감자。
◇ ミディアム : 반 정도。
◇ ワイン : 와인(wine)。

30. <ruby>こ<rt>고</rt></ruby><ruby>の<rt>노</rt></ruby><ruby>い<rt>이</rt></ruby><ruby>し<rt>시</rt></ruby><ruby>は<rt>와</rt></ruby><ruby>なん<rt>난</rt></ruby><ruby>です<rt>데스</rt></ruby><ruby>か<rt>까</rt></ruby>。

30. このいしはなんですか。

A：このブローチのいしはなんですか。
고노브로　찌노이시와　난　데스　까

B：サファイアです。つけてみますか。
사 화 이아데스　쓰께떼미마스까

A：ええ，でもおいくらかしら。
에에　데모오이꾸라까시라

B：たったごまんウォンです。
닷 따고 만　원　데스

A：ごまんウォンですって。
고 만 원 데 슷 떼

ちょっとたかいですね。
쬬 또다 까이데스네

70

30. 이 보석은 무엇입니까?

A : 이 브로치의 보석은 무엇입니까?
B : 사파이어입니다。 달아 보시겠습니까?
A : 예, 그렇지만 값이 얼마나 될는지요?
B : 단 5만원입니다。
A : 5만원이라구요。 좀 비싸군요。

◇ ブローチ : 브로치(brooch)。
◇ サファイア : 사파이어(sapphire)。
◇ つけてみますか : 달아 보시겠습니까?
◇ たった : 겨우, 기껏, 단지。
◇ たかい : 높다, 값이 비싸다。
◇ いし : 돌, 암석, 보석。

※ 보석의 종류
ざくろいし : 석류석
しんじゅ : 진주
ルビー : 루비
りょくぎょくせき : 녹옥석
ダイヤモンド : 다이아몬드
エメラルド : 에메랄드
オパール : 오팔

31. ぼうしをみせてください。

A : ショウウインドーにあるくろい
　　ぼうしをみせてください。

B : はい。

A : これにあうかしら。

B : そのぼうしはおきゃくさまに
　　とてもよくおにあいです。

A : そう。じゃ，これをください。
　　いくらですか。

B : ごせんウォンです。

72

31. 모자를 보여 주십시오。

A : 쇼윈도에 있는 검은 모자를 보여
   주십시오。
B : 예。
A : 이것이 어울릴지 ?
B : 그 모자는 손님께 잘 어울립니다。
A : 그래。 그럼 이것을 주세요。
B : 5,000 원입니다。

◇ ぼうし : 모자。
◇ くろい : 검은, 까만。
◇ おきゃくさま : 손님。
◇ けっこうです : 좋습니다。
◇ にあい : 어울림。
◇ ごせんウォン : 5000원。
◇ そう : 그래, 정말。

32. ばらを10ぽんください。

A：いらっしゃいませ。

B：ばらをください。

A：はい，なにいろがいいですか。

B：そうねえ。あかいのとしろいのを
ください。あのう，いっぽんいくら
ですか。

A：1本 500ウォンです。
なんぼんぐらいさしあげましょうか。

B：じゃ，10本ください。

32. 장미 10송이 주십시오。

A : 어서 오십시오。

B : 장미를 주세요。

A : 예, 어떤 색깔이 좋겠습니까?

B : 글쎄요, 붉은 것과 흰 것을 주세요。
그런데, 한 송이에 얼마인가요?

A : 한 송이에 500원입니다。
몇 송이 쯤 드릴까요?

B : 그럼, 10송이 주세요。

◇ ばら : 장미。
◇ ください : 주십시오。
◇ なにいろ : 무슨 색。
◇ あかい : 붉은색。
◇ いっぽん : 한 송이。
◇ いくら : 어느 정도, 얼마。

※「～の」는 형용사・동사 등의 기본형 뒤에 와서
「もの(것)」。
※ ～本(ぽん) 가늘고 길게 생긴 것들을 헤아릴 때
쓰는 助数詞。

33. げんこうようしをいただけますか。

A：<ruby>げ<rt>겐</rt></ruby><ruby>ん<rt></rt></ruby><ruby>こ<rt>꼬</rt></ruby><ruby>う<rt>우</rt></ruby><ruby>よ<rt>요</rt></ruby><ruby>う<rt>오</rt></ruby><ruby>し<rt>시</rt></ruby><ruby>を<rt>오</rt></ruby><ruby>い<rt>이</rt></ruby><ruby>た<rt>따</rt></ruby><ruby>だ<rt>다</rt></ruby><ruby>け<rt>께</rt></ruby><ruby>ま<rt>마</rt></ruby><ruby>す<rt>스</rt></ruby><ruby>か<rt>까</rt></ruby>。

B：<ruby>は<rt>하</rt></ruby><ruby>い<rt>이</rt></ruby>，<ruby>あ<rt>아</rt></ruby><ruby>ち<rt>찌</rt></ruby><ruby>ら<rt>라</rt></ruby><ruby>に<rt>니</rt></ruby><ruby>ご<rt>고</rt></ruby><ruby>ざ<rt>자</rt></ruby><ruby>い<rt>이</rt></ruby><ruby>ま<rt>마</rt></ruby><ruby>す<rt>스</rt></ruby>。

A：<ruby>も<rt>못</rt></ruby><ruby>っ<rt></rt></ruby><ruby>と<rt>또</rt></ruby><ruby>い<rt>이</rt></ruby><ruby>い<rt>이</rt></ruby><ruby>の<rt>노</rt></ruby><ruby>は<rt>와</rt></ruby><ruby>あ<rt>아</rt></ruby><ruby>り<rt>리</rt></ruby><ruby>ま<rt>마</rt></ruby><ruby>せ<rt>셍</rt></ruby><ruby>ん<rt></rt></ruby><ruby>か<rt>까</rt></ruby>。

B：<ruby>こ<rt>고</rt></ruby><ruby>れ<rt>레</rt></ruby><ruby>は<rt>와</rt></ruby><ruby>い<rt>이</rt></ruby><ruby>か<rt>까</rt></ruby><ruby>が<rt>가</rt></ruby><ruby>で<rt>데</rt></ruby><ruby>す<rt>스</rt></ruby><ruby>か<rt>까</rt></ruby>。

A：<ruby>す<rt>스</rt></ruby><ruby>ぐ<rt>구</rt></ruby><ruby>や<rt>야</rt></ruby><ruby>ぶ<rt>부</rt></ruby><ruby>れ<rt>레</rt></ruby><ruby>ま<rt>마</rt></ruby><ruby>せ<rt>셍</rt></ruby><ruby>ん<rt></rt></ruby><ruby>か<rt>까</rt></ruby>。

B：<ruby>い<rt>아</rt></ruby><ruby>い<rt>이</rt></ruby><ruby>え<rt>에</rt></ruby>，<ruby>け<rt>겟</rt></ruby><ruby>っ<rt></rt></ruby><ruby>し<rt>시</rt></ruby><ruby>て<rt>떼</rt></ruby><ruby>そ<rt>손</rt></ruby><ruby>ん<rt></rt></ruby><ruby>な<rt>나</rt></ruby><ruby>こ<rt>고</rt></ruby><ruby>と<rt>또</rt></ruby><ruby>は<rt>와</rt></ruby>
<ruby>あ<rt>아</rt></ruby><ruby>り<rt>리</rt></ruby><ruby>ま<rt>마</rt></ruby><ruby>せ<rt>셍</rt></ruby><ruby>ん<rt></rt></ruby>。<ruby>り<rt>료</rt></ruby><ruby>ょ<rt></rt></ruby><ruby>う<rt>오</rt></ruby><ruby>し<rt>시</rt></ruby><ruby>つ<rt>쓰</rt></ruby><ruby>の<rt>노</rt></ruby><ruby>か<rt>가</rt></ruby><ruby>み<rt>미</rt></ruby>
<ruby>で<rt>데</rt></ruby><ruby>す<rt>스</rt></ruby><ruby>か<rt>까</rt></ruby><ruby>ら<rt>라</rt></ruby>。

33. 원고지 있습니까 ?

A : 원고지 있습니까 ?

B : 예, 저기 있습니다.

A : 좀 더 좋은 것은 없습니까 ?

B : 이것은 어떻습니까 ?

A : 곧 찢어지지 않을까요 ?

B : 아니요, 결코 그런 일은 없습니다.
　　지질이 좋으니까요.

◇ げんこうようし : 원고용지.
◇ いただけますか : 받을 수 있습니까 ? 즉, (살 수
　있습니까 ?) 로서 이 가게에 준비되어 있느냐는 뜻.
◇ もっと : 더, 더욱.
◇ あちらに : 저기에.
◇ いいのは : 좋은 것은.
◇ ありませんか : 없습니까 ? ◇ すぐ : 즉시, 곧.
◇ やぶれませんか : 찢어지지 않습니까 ?
◇ そんなことは : 그런 일은. ◇ けっして : 결코.
◇ りょうしつ(良質) : 양질, 좋은 품질.

34. このとけいはいくらでしょうか。
<small>고노도께이와이꾸라데 쇼 오 까</small>

A : ウインドーのところにあるとけいは
<small>우 인 도 노도꼬로니아루도께이와</small>

いくらでしょうか。
<small>이꾸라데 쇼 오 까</small>

B : これですか。
<small>고레데스까</small>

A : いいえ，そのとなりです。
<small>이 이 에 소노도나리데스</small>

B : これですか。これはさいこうきゅう
<small>고레데스까 고레와사이고오 뀨 우</small>

ひんです。
<small>힌 데 스</small>

34. 이 시계는 얼마입니까?

A : 쇼윈도에 있는 시계는 얼마입니까?
B : 이것 말씀입니까?
A : 아니요, 그 옆의 것입니다.
B : 이것입니까? 이것은 최고급품입니다.

◇ ウインドー : 윈도 (window)。
◇ ところ : 곳, 장소。 ◇ とけい : 시계。
◇ いくらでしょうか : 얼마인가요?
◇ となり : 이웃, 옆。
◇ やあ : (아아) 하는 가벼운 감탄사。
◇ さいこうきゅうひん : 최고급품。

※ 시계의 종류
かけどけい : 벽시계
めざましどけい : 자명종
おきどけい : 탁상시계
すなどけい : 모래시계
デジタル : 전기시계

35. 요오 힌 우리바와도꼬니아리마스까
35. ようひんうりばはどこにありますか。

요오 힌 우리바와도꼬니 아리마스까
A：ようひんうりばはどこにありますか。

고 까이니고자이마스
B：ごかいにございます。

도레가이이까시라　　고레가요사소오다와
A：どれがいいかしら。これがよさそうだわ。

죠 또고레오미세떼구다사이
ちょっとこれをみせてください。

이 랏 샤 이마세
C：いらっしゃいませ。

고 레데고자이마스까
これでございますか。

에에　　고레또아레또 돗 찌가이이까시라
A：ええ，これとあれとどっちがいいかしら。

소오데스네　　고찌라노호오가시나모노가
C：そうですね。こちらのほうがしなものが

싯 까리시떼이루요오데고자이마스
しっかりしているようでございます。

소오미다이네
A：そうみたいね。

35. 양품 판매장은 어디 있습니까 ?

A : 양품 판매장은 어디에 있습니까 ?

B : 5 층에 있습니다。

A : 어느 것이 좋을지。 이것이 좋을 것 같군요。
   이것 좀 보여 주세요。

C : 어서 오십시오。 이것 말씀이신가요 ?

A : 예, 이것과 저것과 어느 것이 좋을지。

C : 글쎄요。 이 쪽 물건이 튼튼할 것 같군요。

A : 그렇군요。

◇ ようひんうりば : 양품 판매장。
◇ ごかい (五階) : 5 층。
◇ どれが : 어느 것이。
◇ これが : 이것이。
◇ みせてください : 보여 주십시오。
◇ こちらのほうが : 이쪽 편의 것이。
◇ しなもの (品物) : 물건, 물품, 상품。
◇ しっかり : 견고한。

36. セーターがほしいです。

A：いらっしゃいませ。

B：セーターがほしいんですが

　どんなのがありますか。

A：これはいかがですか。

B：それは少しはですぎますね。

　もう少しじみな色はありませんか。

A：これはいかがでしょうか。

　ちょうどよろしいと存じますが。

B：そうですね。では，それをもらい

　ましょう。

36. 스웨터를 사려고 합니다。

A : 어서 오십시오。

B : 스웨터를 사려는데 어떤 것이 있습니까?

A : 이것은 어떻습니까?

B : 그건 좀 너무 화려한데요。

　　좀 더 수수한 것은 없을까요?

A : 이것은 어떻습니까?

　　딱 좋으실 것 같습니다만。

B : 그렇군요。 그러면 그것을 주십시오。

◇ セーター : 스웨터(sweater)。
◇ ほしい : 가지고 싶다。 필요하다。
◇ どんなの : 어떤 것。
◇ はですぎます : 화려합니다。
◇ すこし : 조금, 약간。
◇ じみな : 검소한, 수수한。
◇ もらいましょう : (받겠습니다)의 뜻。 즉, 주십시오。

※ 색에 관한 단어

しろ : 흰색　　　きいろ : 노랑　　　あか : 빨강
あお : 파랑　　　ももいろ : 분홍　　　くろ : 검정

37. なつのスーツを買いたいんですが。

A：なつのスーツを買いたいんですが。

B：どんないろをおかんがえですか。

A：しろ，あるいはあかるいいろが
   いいんですが。

B：これなどいかがですか。

A：そうですね。
   デザインはきにいりましたがいろが
   どうもしっくりしませんね。

B：では，これなどはいかがですか。

A：ええ，これはよさそうですね。

37. 여름 옷을 사려고 합니다만。

A : 여름 옷을 사려고 합니다만。

B : 어떤 색깔을 생각하고 계십니까?

A : 흰색 또는, 밝은 색이 좋을 것 같군요。

B : 이런 것은 어떻습니까?

A : 글쎄요。
    디자인은 마음에 듭니다만 색깔이
    마음에 안 드는군요。

B : 그러면, 이런 것은 마음에 드십니까?

A : 예, 이게 좋아 보입니다。

◇ なつ : 여름。
◇ どんな : 어떤。 ◇ いろ : 색깔。
◇ あかるい : 밝다, 빛깔이 밝다。
◇ しろ : 흰색。
◇ デザイン : 디자인(design)。
◇ スーツ : 슈트(suit), 옷。

38. ワンピースはどこにありますか。

A : いらっしゃいませ。

B : あのう，ワンピースはどこに
ありますか。

A : こちらにございます。
これはいかがですか。

B : そうですねえ。でももうすこし
じみなのがいいんですが。

A : では，こちらはどうですか。
いろはかなりじみですが。

B : そうですね。いろはいいですが，
もうすこしモダンながらは
ありませんか。

86

38. 원피스는 어디 있습니까 ?

A : 어서 오십시오。

B : 저어, 원피스는 어디 있습니까?

A : 저기에 있습니다。

B : 글쎄요。 좀 더 수수한 것이
   좋겠는데요。

A : 그럼, 이건 어떻습니까? 색깔이 꽤
   수수한데요。

B : 글쎄요, 색깔은 좋은데 좀 더 모던한
   무늬는 없을까요?

◇ ワンピース : 원피스 (one-piece)。
◇ どこに : 어디에。
◇ すこし : 조금, 좀。
◇ じみな : 검소한, 수수한。
◇ どうですか : 어떻습니까?
◇ いろ (色) : 색깔。
◇ モダン : 모던(modern)。
◇ がら : 무늬。

39. ワイシャツはいくらかしら。

A：あのそらいろのワイシャツは
いくらかしら。

B：これでございますか。
さんぜんえんでございますが。
サイズはどのくらいですか。

A：十五だとおもうわ。

B：はい，ここにございます。それから，
ネクタイはどんなのにいたしましょうか。

A：うちの人はちょっとはでずき
なんだけど。

B：じゃ，あれなどはいかがですか。

39. 와이셔츠는 얼마입니까?

A : 저 하늘색 와이셔츠는 얼마입니까?

B : 이것 말입니까? 3,000엔입니다만,
  사이즈가 얼마나 되지요?

A : 15라고 생각되는데요。

B : 예, 여기 있습니다。 그리고, 넥타이는
  어떤 것으로 하시겠습니까?

A : 우리집 주인은 좀 야한 것을 좋아하셔요。

B : 그럼, 저런 것은 어떻습니까?

◇ そらいろ : 하늘색。
◇ ワイシャツ : 와이셔츠。
◇ さんぜんえん : 3천엔。
◇ サイズ : 사이즈 (size), 크기, 칫수。
◇ ネクタイ : 넥타이(neck tie)。
◇ どんな : 어떤 것。
◇ いたしますか : 「いたす」는 「する (하다)」의 공손
  한 말。 하시겠습니까?
◇ うち : 집。
◇ はで(派手) : 색채, 복장 따위가 화려한 일。

40. これはシルクですか。
고레와시루꾸데스까

A : これはシルクですか。
고레와시루꾸데스까

B : はい，これはきぬひゃくパーセントで
하이　고레와기누햐꾸빠　센또데
イタリアせいです。
이따리아세이데스

A : デザインもよさそうね。
데자인모요사소오네

これをください。
고레오구다사이

おいくらですか。
오이꾸라데스까

B : さんぜんごひゃくウォンです。
산젠고햐꾸원데스

A : それからくつしたをみせてください。
소레까라구쓰시따오미세떼구다사이

90

40. 이것은 실크입니까?

A : 이것은 실크입니까?

B : 예, 이것은 100％ 실크로 이탈리아제
　　입니다。

A : 디자인도 좋아 보이는군요。
　　이것을 주세요。
　　얼마입니까?

B : 3,500원입니다.

A : 그리고, 양말을 좀 보여 주세요。

◇ シルク: 실크(silk)。
◇ きぬ: 비단, 명주, 견직물。
◇ おいくらですか: 얼마입니까?
◇ さんぜんごひゃく: 3,500
◇ みせてください: 보여 주세요。
◇ くつした: 양말。
◇ ひゃく: 100。

41. みほんをみせてくれませんか。

A : いらっしゃいませ。

B : こんにちは。ふゆのせびろを
　　いっちゃくつくりたいんですが。

A : はい, かしこまりました。

B : みほんをみせてくれませんか。

A : しょうしょうおまちください。

B : これはなかなかいいですね。

A : ウールです。

B : がらがすこしはですぎませんか。

A : いいえ, とてもおにあいでございますよ。

92

41. 견본을 좀 보여 주지 않겠습니까?

A : 어서 오십시오。

B : 안녕하십니까? 겨울 양복을 한 벌
    맞추고 싶은데요。

A : 예, 알겠습니다。

B : 견본을 좀 보여 주지 않겠습니까?

A : 잠시 기다려 주십시오。

B : 이것은 매우 좋은 것 같군요。

A : 순모입니다。

B : 무늬가 나에게 좀 야하지 않을까요?

A : 아니요。 아주 잘 어울리는데요。

◇ せびろ : 양복。
◇ ふゆ(冬) : 겨울。
◇ いっちゃく(一着) : 한 벌。
◇ おまちください : 기다려 주십시오。
◇ オールウール : 울(wool), 순면。
◇ きじ : 천。
◇ みほん(見本) : 견본。
◇ おにあい : 어울리다。

42. じょせいようのサングラスがありますか。

A : じょせいようのサングラスが
ありますか。

B : はい, ございます。

A : ゆうじんにきいたんですが
とくしゅレンズがあるそうですね。

B : ええ, ここにございます。かけて
こらんになりますか。

A : ええーと, じゃ, これをかけて
みますわ。

42. 여성용 선글라스가 있습니까?

A : 여성용 선글라스가 있습니까?

B : 예, 있습니다。

A : 친구에게 들었는데 특수 렌즈가 있다지요?

B : 예, 여기 있습니다。

　　써 보시겠읍니까?

A : 그럼, 이것을 써 보겠어요。

◇ じょせいよう : 여성용。
◇ サングラス : 선글라스(sunglass)。
◇ ゆうじん(友人) : 벗, 친구。
◇ きいたのですが : 들은 것입니다만。
◇ とくしゅ : 특수。　◇ レンズ : 렌즈(lens)。
◇ かけて : (걸쳐, 걸어)의 뜻인데 안경을 코에 거
　는 것이니 결국 안경을 써 보겠느냐는 뜻이다。

※ います : 사람·動物의 存在를 나타내는 동사로
　(있습니다)의 뜻。　動物·사람을 제외한 모든
　사물의 存在를 나타내는「あります」와　구별해
　서 쓰도록 주의해야 한다。

43. どんなほんをおもとめですか。

A : さいきんよくうれているほんは
なんですか。

B : しょうせつですか，それとも
いっぱんのよみものですか。

A : あ，ここにヘミングウェイのがある。
すみません。これを下さい。

B : はい，1,500ウォンちょうだ
いいたします。

A : 1,500ウォンですね。

B : ええ，おつつみいたします。
どうもありがとうございました。

96

43. 어떤 책을 찾으십니까?

A : 요즘 잘 팔리고 있는 책은 무엇입니까?

B : 소설입니까? 혹은 일반 책입니까?

A : 아, 여기 헤밍웨이 것이 있군.

　　이것을 주십시오.

B : 예, 1,500원입니다.

A : 1,500원이지요.

B : 예, 포장해 드리겠습니다.

　　대단히 감사합니다.

◇ おもとめですか : 찾으십니까? 구하십니까?

◇ さいきん : 요즘.

◇ よく : 잘.

◇ しょうせつ : 소설.

◇ それとも : 또는, 혹은.

◇ いっぱん : 일반.

◇ ここに : 여기에.

◇ ヘミングウェイ : 헤밍웨이.

◇ つつみ : 포장, 물건을 쌈.

44. 人蔘をちょっとみせてくれませんか。
닌징오 죠 또미세떼구레마 셍 까

A：いらっしゃいませ。
이 랏 샤 이마세

何をさしあげましょうか。
나니오 사 시 아게마 쇼 오 까

B：こうらいにんじんをちょっとみせて
꼬오라이 닌 징 오 죠 또미세떼

くれませんか。
구 레마 셍 까

A：はい，かしこまりました。
하이 가시꼬마 리마시 따

これはいかがでしょうか。
고 레와이 까 가 데 쇼 오 까

B：それはいくらですか。
소 레 와 이 꾸라데스 까

A：これは一万五千ウォンです。
고 레와 이찌망 고 센 원 데스

B：じゃ，ふたはこください。
쟈 후 따 하 꼬 구 다 사 이

98

44. 인삼을 좀 보여 주시겠어요?

A : 어서 오십시오。
　　 무엇을 찾으십니까?
B : 고려 인삼을 좀 보여 주시겠어요?
A : 예, 알겠습니다。
　　 이것은 어떻습니까?
B : 그것은 얼마죠?
A : 이것은 15,000 원입니다。
B : 그럼, 두 상자를 주세요。

◇ なに : 무엇。
◇ こうらいにんじん : 고려 인삼。
◇ みせてくれませんか : 보여 주지 않겠습니까?
◇ いくらですか : 얼마입니까?
◇ いちまんごせんウォン : 15,000원。
◇ ふたはこ : 두 상자。

45. ブーツがほしいんですが。

A：ブーツがほしいんですが。

B：サイズはなんセンチですか。

A：にじゅうごセンチなんです。

B：はいてみて下さい。

A：ちょっとおおきいですね。

B：では，これをはいてみてください。

A：ぴったりだわ。これをください。

45. 부츠를 사려는데요。

A : 부츠를 사려고 합니다만。

B : 사이즈는 몇 센티미터입니까?

A : 25 센티미터입니다。

B : 신어 보십시오。

A : 조금 크군요。

B : 그럼, 이것을 신어 보십시오。

A : 꼭 맞는군요。이것을 주세요。

◇ ブーツ : 부츠(boot), 여자가 신는 목이 긴 구두。
◇ サイズ : 사이즈(size)。
◇ にじゅうご : 25。
◇ センチ : 센티미터(cm)。
◇ おおきい : 크다, 큰。
◇ ぴったり : 빈틈없이 꼭 맞는 모양。

46. このもくばはどうでしょう。

<ruby>고노모꾸바와도오데 쇼 오</ruby>

A：このもくばはどうでしょう。

B：よさそうですね。でものって
あそべるかしら。

A：ええ，だいじょうぶです。

B：そうですか。じゃ，それをください。
あっ，それからはこにいれてください。

46. 이 흔들 목마는 어떨까요?

A : 이 흔들 목마는 어떨까요?

B : 좋은 것 같군요。그런데 타고 놀 수
있을까요?

A : 예, 염려하실 것 없습니다。

B : 그렇습니까? 그럼 그것을 주세요。
아, 그리고 상자에 넣어 주세요。

◇ もくば : 흔들 목마。
◇ あそべる :「あそぶ(놀다)」의 수동형。놀아지다。
놀게 되다。여기서는〔놀 수 있을까요?〕의 뜻。
◇ はこ : 상자。
◇ いれて : 넣어。
◇ のって : 올라타고서。
◇ だいじょうぶ : 괜찮음, 틀림없음, 걱정없음。

※ 완구 명칭
ロボット : 로봇。
わなげ : 쇠고리 던지기。
かざぐるま : 풍차。
もけいひこうき : 모형 비행기。
たこ : 연。
つみき : 벽돌 쌓기。

47. <ruby>ふ<rt>후</rt>つ<rt>쓰</rt>う<rt>우</rt>の<rt>노</rt>ス<rt>스</rt>タ<rt>따</rt>イ<rt>이</rt>ル<rt>루</rt>に<rt>니</rt>し<rt>시</rt>て<rt>떼</rt>く<rt>구</rt>だ<rt>다</rt>さ<rt>사</rt>い<rt>이</rt></ruby>。

A : <ruby>こ<rt>고</rt>ち<rt>씨</rt>ら<rt>라</rt>へ<rt>에</rt>ど<rt>도</rt>う<rt>오</rt>ぞ<rt>조</rt></ruby>。 <ruby>さ<rt>산</rt>ん<rt></rt>ぱ<rt>빠</rt>つ<rt>쓰</rt>で<rt>데</rt>す<rt>스</rt>か<rt>까</rt></ruby>。

B : <ruby>そ<rt>소</rt>う<rt>오</rt>で<rt>데</rt>す<rt>스</rt></ruby>。

A : <ruby>ス<rt>스</rt>タ<rt>따</rt>イ<rt>이</rt>ル<rt>루</rt>は<rt>와</rt>ど<rt>도</rt>の<rt>노</rt>よ<rt>요</rt>う<rt>오</rt>に<rt>니</rt>な<rt>나</rt>さ<rt>사</rt>い<rt>이</rt>ま<rt>마</rt>す<rt>스</rt>か<rt>까</rt></ruby>。

B : <ruby>ふ<rt>후</rt>つ<rt>쓰</rt>う<rt>우</rt>の<rt>노</rt>ス<rt>스</rt>タ<rt>따</rt>イ<rt>이</rt>ル<rt>루</rt>に<rt>니</rt>し<rt>시</rt>て<rt>떼</rt>く<rt>구</rt>だ<rt>다</rt>さ<rt>사</rt>い<rt>이</rt></ruby>。

A : <ruby>は<rt>하</rt>い<rt>이</rt></ruby>， <ruby>ち<rt>쵸</rt>ょ<rt></rt>う<rt>오</rt>は<rt>하</rt>つ<rt>쓰</rt>は<rt>와</rt>お<rt>오</rt>わ<rt>와</rt>り<rt>리</rt>ま<rt>마</rt>し<rt>시</rt>た<rt>따</rt></ruby>。
<ruby>ひ<rt>히</rt>げ<rt>게</rt>を<rt>오</rt>お<rt>오</rt>そ<rt>소</rt>り<rt>리</rt>い<rt>이</rt>た<rt>따</rt>し<rt>시</rt>ま<rt>마</rt>し<rt>쇼</rt>ょ<rt></rt>う<rt>오</rt></ruby>。

B : <ruby>私<rt>와다시노</rt>の<rt></rt>ひ<rt>히</rt>げ<rt>게</rt>は<rt>와</rt>と<rt>도</rt>て<rt>떼</rt>も<rt>모</rt>こ<rt>고</rt>い<rt>인</rt>ん<rt></rt>で<rt>데</rt>す<rt>스</rt></ruby>。

A : <ruby>そ<rt>소</rt>う<rt>오</rt>で<rt>데</rt>す<rt>스</rt>ね<rt>네</rt></ruby>。

47. 보통 스타일로 해 주세요。

A : 이리 오십시오。 이발입니까?

B : 그렇습니다。

A : 스타일은 어떻게 하시겠습니까?

B : 보통 스타일로 해 주세요。

A : 예, 조발은 끝났습니다。 면도를 하시죠。

B : 내 수염은 퍽 억셉니다。

A : 그렇군요。

◇ さんぱつ(散髪) : 이발。
◇ スタイル : 스타일(style)。
◇ ふつう (普通) : 보통。
◇ ちょうはつ(調髪) : 조발。
◇ おわりました : 끝났습니다。
◇ こい (濃い) : 짙다, 빽빽하다。
◇ ひげ : 수염。

105

48. かみはシャンプーであらってください。

A : かみはシャンプーであらってください。

B : はい，かしこまりました。

A : ああ，ポマードはいりません。

B : それでは，ヘアートニック

だけつけましょう。

A : このヘアートニックはなかなかかおりが

いいですね。こくさんですか。

B : ええ，もちろんでございます。

48. 머리는 샴푸로 씻어 주세요。

A : 머리는 샴푸로 씻어 주세요。

B : 예, 알겠습니다。

A : 아아, 포마드는 필요없습니다。

B : 그러면, 헤어 토닉만 바르지요。

A : 이 헤어 토닉은 매우 향기가 좋은데요。
　　국산품입니까?

B : 예, 물론입니다。

◇ シャンプー : 샴푸(shampoo)。
◇ かみ : 머리카락, 두발。
◇ あらって : 씻어。
◇ ヘアートニック : 헤어 토닉(hair tonic)。
◇ こくさん : 국산품。
◇ ポマード : 포마드(pomade)。
◇ だけ : ～만。
◇ かおり : 향기。
◇ もちろん : 물론。

49. スタイル・ブックをみせてください。

A：いらっしゃいませ。ヘアースタイルは
　　どんなふうにいたしましょうか。

B：スタイル・ブックがありましたら，
　　見せてください。

A：はい，ここにございます。

B：このスタイルにします。

A：はい，かしこまりました。

49. 스타일 북을 보여 주십시오。

A : 어서 오십시오。헤어 스타일은 어떻게
    하시겠습니까?
B : 스타일·북이 있으면 보여 주세요。
A : 예, 여기 있습니다。
B : 이 스타일로 해 주세요。
A : 예, 알겠습니다。

◇ ヘアースタイル : 헤어 스타일(hair style)。
◇ どんな : 어떤。
◇ スタイル・ブック : 스타일·북(style·book)。
◇ ありましたら : 있으면。
◇ みせてください : 보여 주십시오。
◇ かしこまりました : 잘 알았습니다。「かしこま
  る」는 원래 (황공해 하다, 죄송해 하다)의 뜻을
  가지고 있다。(알다)의 겸손어。

50. どうもごくろうさまでした。

A : まえがみを少しカールしたら
どうかしら。

B : こうでございますか。

A : ええ。

B : はい， 全部終りました。

A : どうもごくろうさまでした。

50. 대단히 수고하셨어요.

A : 앞머리를 약간 커얼하면 어떨까?
B : 이렇게 말씀인가요?
A : 예.
B : 네, 모두 끝났습니다.
A : 매우 수고하셨어요.

◇ まえがみ : 앞머리.
◇ カール : 커얼 (curl),
  (머리털을) 곱슬곱슬하게 하다.
◇ どうかしら : 어떨까?
◇ こう : 이렇게.
◇ ごくろうさまでした : 수고했습니다.
◇ おわりました : 끝났습니다.
◇ ぜんぶ (全部) : 전부.

51. どこかわるいんですか。

A：いらっしゃいませ。
どこかわるいんですか。

B：ゆうべからかぜぎみで，のどが
いたいんですが。

A：ちょっと おまちください。
このくすりをよじかんごとに
いっぷくずつおのみください。

B：すぐよくなるでしょうか。

A：ええ，よくききますから，
ごあんしんください。

51. 어디 편찮으십니까?

A : 어서 오십시오。
  어디 편찮으십니까?
B : 어제 저녁부터 감기 기운이 있고
  목이 아픈데요。
A : 잠깐 기다려 주십시오。
  이 약을 4 시간마다 한 봉씩 잡수십시오。
B : 곧 나을까요?
A : 예, 잘 들으니까 안심하십시오。

◇ わるい : 나쁘다, 좋지 않다。
◇ ゆうべ : 저녁 때, 해질 무렵, 전날 밤, 어젯밤。
◇ かぜ : 감기。
◇ きみ : ~하는 경향。
◇ のと : 목구멍, 인두, 후두。
◇ いたく : 심히, 대단히, 매우。
◇ よんじかん : 4 시간。
◇ おのみください : 마셔 주십시오。 잡수십시오。
◇ すぐ : 즉시, 곧。
◇ あんしん : 안심。
◇ くすり : 약。

52. しんさつしていただきたいんですが。

신 사쓰시떼이따다끼다 인 데스가

A： しんさつしていただきたいんですが。
신 사쓰시떼이따다끼다 인 데스가

B： どこがわるいんですか。
도꼬가와루 인 데스까

A： 二三日前からかぜぎみでしたが，
니 산 니찌마에까 라 가 제기미 데시따가
すこしむりをしたみたいなです。
스꼬시무리오시따미다이나데스

B： ちょっとねつをはかってみましょう。
죠 또네쓰오하 깟 떼미마 쇼 오

A： すぐなおるでしょうか。
스구나오루데 쇼 오까

B： ええ，たいしたことはありませんよ。
에에 다이시따고또와아리마 생 요

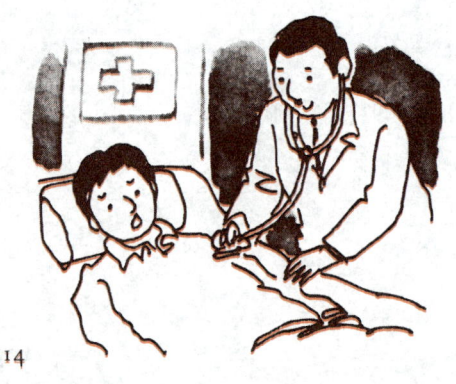

114

52. 진찰 좀 받고 싶은데요。

A : 진찰 좀 받고 싶은데요。
B : 어디가 편찮으시죠 ?
A : 2, 3일 전부터 감기 기운이 있었**습니다**만,
　　좀 무리를 한 것 같습니다。
B : 열을 좀 재어 봅시다。
A : 곧 나을까요 ?
B : 예, 대단치는 않습니다。

◇ しんさつ(診察) : 진찰。
◇ いただきたい : 받고 싶다。「いただき」는(받다)의
　　공손한 말, 「たい」는 (〜하고 싶다)의 뜻。
◇ わるい : 좋지 않은。◇ むり(無理) : 무리。
◇ ねつ : 열。◇ はかって : 재어。◇ すぐ : 곧。
◇ なおる : 병이 회복되다。
◇ たいしたことは : 대단한 것은。
◇ ありません : 아닙니다。

53. はがいたいんです。

A：おはようございます。

どうしましたか。

B：歯がいたいんです。

A：それで，どのくらいいたみますか。

B：昨夜はいたくでねむれませんでした。

A：そうでしょう。少しほおが

はれていますからね。

それじゃ，歯をみせてください。

53. 이가 아픕니다.

A : 안녕하십니까? 어디가 불편하십니까?
B : 이가 아픕니다.
A : 그러니까, 어느 정도 아프십니까?
B : 어젯밤은 아파서 잠을 자지 못했습니다.
A : 알았습니다. 볼이 약간 부어 있군요.
　　그러면, 이를 보여 주십시오.

◇ いたいんです : 아픕니다。
◇ は : 이, 치아。
◇ たいへん : 대단히, 매우。
◇ さくや(昨夜) : 어젯밤。
◇ ねむれませんでした : 잠들지 못했습니다。
◇ ほお : 뺨, 볼。
◇ はれて : 부어。
◇ はれる : 살갗이 붓다。

54. よきんしたいんですが。

A : よきんしたいんですが。

B : いらっしゃいませ。

ふつうよきんでございますか。

A : ええ, そうです。

B : では, このようしをおかき

くださいい。

A : じゅうしょもかくんですね。

B : ええ, さようでございます。

118

54. 예금하고 싶은데요.

A : 예금을 하고 싶은데요。

B : 어서 오십시오。

　　보통 예금이십니까？

A : 예, 그렇습니다。

B : 그럼, 이 용지에 기입해 주십시오。

A : 주소도 쓰는 겁니까？

B : 예, 그렇습니다。

◇ よきん (預金) : 예금, 저금。

◇ ふつうよきん : 보통 예금。

◇ では : 그러면。

◇ ようし : 용지。

◇ じゅうしょ : 주소。

55. よきんなさるきんがくはおいくらですか。

A : よきんなさるきんがくはおいくら
ですか。

B : 五十万ウォンです。

A : では，そこのいすにおかけになって，
ちょっとおまちくださいませ。

B : はい，わかりました。

※ 은행에 관한 단어

ぎんこう (銀行) : 은행。
ぎんこうつうちょう : 은행 통장。
がんきん : 원금。
りし : 이자。
てがた (手形) : 어음。
こぎって (小切手) : 수표。
せいきゅうしょ : 청구서。
わりびき : 할인。

55. 예금하실 금액은 얼마입니까?

A : 예금하실 금액은 얼마입니까?

B : 500,000원입니다。

A : 그럼, 거기 의자에 앉으셔서 잠시
　　기다려 주십시오。

B : 예, 알겠습니다。

◇ きんがく : 금액。

◇ いす : 의자。

◇ よきん : 예금。

◇ そこの : 거기의。

◇ おまちください : 기다려 주십시오。

◇ わかりました : 알았습니다。

◇ いくらですか : 얼마입니까?

56. えいぎょうじかんは。
에이 교 오지 깡 와

A : トラベラースチェックをげんきんに
도 라 베 라 스 체 꾸오 겐 낑 니

かえていただけますか。
가 에 떼 이 따 다 께 마 스 까

B : ええ, おかえになれます。
에 에 오 까 에 니 나 레 마 스

A : あすまいりたいとおもいますが,
아 스 마 이 리 다 이 또 오 모 이 마 스 가

えいぎょうじかんはどうなっていますか
에 이 교 오 지 깡 와 도 오 낫 데 이 마 스 까

B : くじからごごのしちじまでです。
구 지 까 라 고 고 노 시 찌 지 마 데 데 스

A : そうですか。 ありがとうございます。
소 오 데 스 까 아 리 가 또 오 고 자 이 마 스

B : いいえ, どういたしまして。
이 이 에 도 오 이 따 시 마 시 떼

56. 영업시간은?

A : 여행자 수표를 현금으로 바꿀 수
　　있습니까?

B : 예, 할 수 있고 말고요.

A : 내일 오겠습니다만, 영업 시간이 어떻게
　　됩니까?

B : 9 시부터 오후 7 시까지입니다.

A : 그렇습니까? 감사합니다.

B : 아니, 천만의 말씀입니다.

◇ トラベラースチェック : 여행자 수표.
　　　　　　　　　　　　　 (Traveler's Check)
◇ もちろん : 물론. ◇ あす(明日) : 내일.
◇ まいる : (오다)의 겸양어. 「まいりたいと」오려고.
◇ おもいます : 생각합니다.
◇ えいぎょうじかん : 영업 시간. ◇ くじ : 9 시.
◇ ごごの : 오후의. ◇ しちじ : 7 시.
◇ から : ~부터. ◇ まで : ~까지.

57. はがきをじゅうまいください。

A：はがきをじゅうまいください。

B：はい，かしこまりました。

A：ああ，それからきっても
　　じゅうまいほどください。

B：はい。かしこまりました。

A：てがみにゆうびんばんごうを
　　かかなければなりませんか。

B：はい，もちろんです。

A：ゆうびんばんごうは，どうして
　　しらべるんですか。

B：あそこに郵便ばんごうの
　　はやみひょうがございます。

57. 엽서를 열 장 주십시오.

A : 엽서를 열 장 주십시오.

B : 예, 알겠습니다.

A : 아아, 그리고 우표도 열 장쯤 주십시오.

B : 예, 알겠습니다.

A : 편지에 우편 번호를 쓰지 않으면
　　안됩니까 ?

B : 예, 물론입니다.

A : 우편 번호는 어떻게 찾습니까 ?

B : 저기에 우편 번호 조견표가 있습니다.

◇ じゅうまい : 10매.
◇ はがき : 엽서.
◇ かしこまりました : 알겠습니다.
◇ きって : 우표.
◇ ゆうびん : 우편.
◇ てがみ : 편지.
◇ はやみひょう : 조견표.

58. ここにでんぶんをかいてください。
<small>고꼬니 덴 분 오가이떼구다사이</small>

A : アメリカのニユーヨークにでんぽうを
<small>아메리까노 뉴 요 꾸니 덴 뽀오오</small>
うちたいのですが。
<small>우쩌다이노데스가</small>

B : ここにでんぶんをかいてください。
<small>고꼬니 덴 분 오가이떼구다사이</small>

A : でんぶんとあてながあります。
<small>덴 분 또아떼나가아리마스</small>

B : ふつうでんぽうにしますか。
<small>후쓰우 덴 뽀오니시마스까</small>

A : はい, ふつうでんぽうで
<small>하이 후쓰우 덴 뽀오데</small>
おねがいします。
<small>오네가이시마스</small>

B : これはしゅくでんですか。
<small>고레와 슈 꾸 덴 데스까</small>

A : いいえ, ちょうでんです。
<small>이이에 죠오 덴 데스</small>

126

58. 여기에 전문을 써 주세요。

A : 미국의 뉴욕에 전보를 치려는데요。
B : 여기에 전문을 써 주세요。
A : 전문과 수신자 주소가 여기 있습니다。
B : 보통 전보로 하시겠습니까?
A : 예, 보통 전보로 해 주십시오。
B : 이것은 축전입니까?
A : 아닙니다。 조전입니다。

◇ ニューヨーク : 뉴욕 (New York)。
◇ アメリカ : 미국 (America)。
◇ でんぽう : 전보。
◇ ここに : 여기에。
◇ でんぶん : 전문 (電文)。
◇ ふつうでんぽう : 보통 전보。
◇ しゅくでん : 축전。
◇ ちょうでん : 조전 (弔電)。

59. もしもしこうかんしゅさん。

A : もしもしこうかんしゅさん。

B : もしもし，こちらはこうかんですが。

A : キムさんをおねがいします。

こちらは李ですが。

B : ああ，李さん。キムです。

59. 여보세요, 교환양.

A : 여보세요, 교환양.

B : 여보세요, 교환입니다만.

A : 김 부인을 부탁합니다.

　　저는 이 군입니다만.

B : 아, 이군. 김이예요.

◇ もしもし : 여보세요.
◇ こうかんしゅさん : 교환양.
◇ こちらは : 여기는.
◇ おねがいします : 부탁합니다.

※ 전화에 관한 단어

でんわ : 전화.
でんわばんごう : 전화 번호.
こくさいでんわ : 국제 전화.
こうしゅうでんわ : 공중 전화.
こうかんだい : 교환대.
じゅわき : 수화기.
しないでんわ : 시내 전화.
しがいでんわ : 시외 전화.

60. あなたのしゅみはなんですか。

A : あなたのしゅみはなんですか。

B : きってをあつめることです。

A : あなたはすてきなしゅみを
おもちですね。

B : あなたのおくさんのしゅみもきってを
あつめることですか。

A : ええ，わたしたちはおなじしゅみ
なんです。

130

60. 당신의 취미는 무엇입니까?

A : 당신의 취미는 무엇입니까?
B : 우표 수집입니다.
A : 당신은 멋진 취미를 가지셨군요.
B : 당신 부인의 취미도 우표 수집입니까?
A : 예, 우리는 취미가 같습니다.

◇ あなた : 당신。
◇ しゅみ : 취미。
◇ なんですか : 무엇입니까?
◇ きって : 우표。
◇ あつめる : 모으다, 수집하다。
◇ おくさん : 부인, 남의 아내를 부르는 말。
◇ わたしたち : 우리들。
◇ おなじしゅみを : 같은 취미를。
◇ すてき : 매우 근사함, 아주 멋짐。

61. シンフォニーがききたくなりますね。
<small>신 호 니 가기끼따꾸나리마스네</small>

A：たいへんなこみようですね。
<small>다이 헨 나고미요오데스네</small>

B：いつもこうなんですよ。
<small>이쯔모고오 난 데스요</small>

A：シンフォニーが好きな人
<small>신 호 니 가스끼나히도</small>

いつのよにもかわりはないんですね。
<small>이쯔노요니모가와리와나 인 데스네</small>

B：ぼくなんかも，たまには
<small>보꾸 난 까모 다마니와</small>

シンフォニーがききたくなりますね。
<small>신 호 니 가기끼따꾸나리마스네</small>

A：じゃ，きてよかったですね。
<small>쟈 기떼요 깟 따데스네</small>

61. 교향악이 듣고 싶어지는 걸요。

A : 굉장히 사람이 많군요。

B : 언제나 그렇죠。

A : 교향악 애호가는 어느 시대에도 변함이
　　없죠。

B : 저도 때로는 교향악이 듣고 싶어지는
　　걸요。

A : 그럼 잘 왔군요。

◇ こむ : 붐비다。「こみようですね」:붐비네요。
◇ いつも : 언제나。
◇ シンフオニー : 교향악, 심포니(symphony)。
◇ いつの : 어느。
◇ よにも : 시대에도。
◇ かわりないんですね : 변하지 않죠。
◇ ぼく : 나, 저。
◇ たまには : 때로는。
◇ ききたくなりますね : 듣고 싶어지는데요。

62. どんなおんがくがすきですか。

A：どんなおんがくがすきですか。

B：けいおんがくがすきです。

A：クラシックとポピュラーとでは

どちらがすきですか。

B：ポピュラーのほうがすきです。

※ 음악에 관한 단어
リズム：리듬(rythm)。
せんりつ：선율(melody)。
わおん：화음(harmony)。
せいがく：성악(聲樂)。
ぜんそうきょく：전주곡。
しつないおんがく：실내악。
ギター：기타(guitar)。

62. 어떤 음악을 좋아하십니까?

A : 어떤 음악을 좋아하십니까?
B : 경음악을 좋아합니다.
A : 클라식과 대중 음악과는 어느 쪽이
    좋습니까?
B : 대중 음악이 좋습니다.

◇ どんな : 어떤。
◇ おんがく : 음악。
◇ けいおんがく : 경음악。
◇ クラシック : 클라식(classic)。
◇ ポピュラー : 인기가 있는 모양, 대중 음악,
              포퓰러(popular)。
◇ どちらが : 어느 쪽이。
◇ ほう : ～편, ～쪽。

63. テニスがすきですか。

A：テニスがすきですか。

B：はい，わたしはテニスが
たいへんすきです。

A：いつあなたはテニスしますか。

B：わたしはともだちとにちようの
ごごテニスをします。

A：じゃ，上手でしょうね。

B：いいえ，あまり上手じゃありません。

A：らいしゅうのにちよう，
わたしとテニスをしませんか。

B：ええ，いいですよ。

63. 테니스를 좋아하십니까?

A : 테니스를 좋아하십니까?

B : 예, 나는 테니스를 매우 좋아합니다.

A : 당신은 언제 테니스를 칩니까?

B : 나는 친구들과 일요일 오후 테니스를
   칩니다.

A : 그럼 잘 치시겠네요.

B : 아네요. 그다지 잘 치지 못합니다.

A : 내주 일요일에 저와 테니스를 치지
   않겠습니까?

B : 예, 좋습니다.

◇ テニス : 테니스(tennis)。
◇ たいへん : 매우。
◇ すきです : 좋아합니다。
◇ ともだち : 친구, 친우。
◇ もちろん : 물론。
◇ らいしゅう : 내주(来週)。
◇ にちよう : 일요일。
◇ あまり : 그다지。

64. スケートはすきですか。

A : スケートはすきですか。

B : はい，だいすきです。

A : すべりかたをおしえて
　　　くださいませんか。

B : ええ，でも，わたしはへたですから
　　　ゆうじんにたのんであげますよ。

A : そうですか。どうもすみません。

64. 스케이팅을 좋아하십니까?

A : 스케이팅을 좋아하십니까?

B : 예, 매우 좋아합니다.

A : 스케이트 타는 법을 가르쳐 주시지
   않겠습니까?

B : 예, 그럼 나는 잘 못하니까
   친구에게 부탁하지요.

A : 그렇습니까?   부탁합니다.

◇ スケート : 스케이트(skate)。
◇ すべりかた : 활주하는 법, 스케이트 타는 법。
◇ ゆうじん : 벗, 친구。
◇ たのんで : 부탁해서。

스끼 와스끼데스까
65. スキーはすきですか。

스끼 와스끼데스까
A : スキーはすきですか。

하이 스끼데스
B : はい，すきです。

고또시노후유 스끼 니
A : ことしのふゆ，スキーに

이꾸요데이데스까
いくよていですか。

에에 데구안 룡 에
B : ええ，テグアンリョンヘ

이꼬오도오 못 데이마스
いこうとおもっています。

소꼬와 쇼 신 샤 무끼노
A : そこはしょしんしゃむきの

스끼 죠 오데스까
スキーじょうですか。

에에 쇼 신 샤 데모
B : ええ，しょしんしゃでも

다이 죠 오부데스요
だいじょうぶですよ。

140

65. 스키를 좋아하십니까?

A : 스키를 좋아하십니까?

B : 예, 좋아합니다.

A : 이번 겨울에 스키타러 갈
　　예정이 있습니까?

B : 우리는 대관령에 갔으면 하고 생각합니다.

A : 그곳은 초보자에게 적당한
　　스키장일까요?

B : 예, 초보자에게도 매우 좋습니다.

◇ スキー : 스키(ski)。
◇ あなた : 너, 당신。
◇ ことし : 금년, 올해。
◇ ふゆ : 겨울。
◇ わたしたち : 우리들。
◇ そこは : 그곳은。
◇ しょしんしゃ : 초보자。
◇ よてい : 예정

141

66. <ruby>およげますか<rt>오요게마스까</rt></ruby>。

A : <ruby>およげますか<rt>오요게마스까</rt></ruby>。

B : <ruby>ええ<rt>에에</rt></ruby>, <ruby>およげますよ<rt>오요게마스요</rt></ruby>。

A : <ruby>わたしはらいしゅうのにちよびに<rt>와다시와라이 슈 우노니찌요비니</rt></ruby>

<ruby>ヘウンデへおよぎにいくんですが<rt>해 운 데에오오요기니이 꾼 데스까</rt></ruby>。

<ruby>いっしょにいきませんか<rt>잇 쇼 니이끼마 셍 까</rt></ruby>。

B : <ruby>ええ<rt>에에</rt></ruby>, <ruby>いいですよ<rt>이이데스요</rt></ruby>。

142

66. 수영을 할 줄 아십니까?

A : 수영을 할 줄 아십니까?

B : 예, 압니다。

A : 나는 내주 일요일 해운대로 수영 갈
　　생각인데요。
　　함께 가시지 않겠습니까?

B : 예, 좋습니다。

◇ およぎ : 헤엄。「こすいよい」: 수영(swimming)。
◇ らいしゅう : 내주。
◇ にちようび : 일요일。
◇ ヘウンデ : 해운대。
◇ いっしょに : 함께。
◇ いきませんか : 가지 않겠습니까?

※ 수영의 종류
ひらおよぎ : 평영。
クロール : 크롤(crawl)。
じゆうがた : 자유형。
せおよぎ : 배영。
とびこみだい : 도약판。

67. まいとしなつキャンプにいきますか。

A : あなたはまいとしなつキャンプに
いきますか。

B : ええ, いきますよ。

A : キャンプでなにをするのですか。

B : キャンプファイヤをしてうたを
うたいそのまわりでダンスをします。

A : それはとてもおもしろいそうですね。

B : あなたはキャンピングのどうぐを
もっていますか。

A : ええ, テントや, リュックサック,
ランプ, ねぶくろなどは
もっています。

67. 매년 여름 캠핑을 갑니까?

A : 당신은 매년 여름 캠핑을 갑니까?

B : 예, 갑니다.

A : 캠핑가서 무엇을 합니까?

B : 캠프 파이어를 피우고 노래를 부르며
그 주위에서 춤을 춥니다.

A : 그것은 매우 재미있을 것 같군요.

B : 당신은 캠핑 도구를 가지고 있나요?

A : 예. 천막, 룩작, 램프, 슬리핑 백
등은 가지고 있습니다.

◇ きみ : 당신, 너.
◇ キャンプ : 캠프(camp).
◇ キャンプファイヤ : 캠프파이어(camp fire).
◇ そのまわりで : 그 주위에서.
◇ ダンス : 댄스(dance).
◇ どうぐ : 도구, 연장.
◇ テント : 텐트(tent).
◇ リュックサック : 룩작(rucksack).
◇ ランプ : 램프(lamp).
◇ ねぶくろ : 슬리핑 백(sleeping bag).

68. ゴルフをしたいんですが。

A : コルフをしたいんですが
おしえてくれませんか。

B : ええ，いいですよ。それでとうぐは
もっていますか。

A : いいえ，もっていきません。

B : ではかしぐつ，かしクラブも
ありませんか。

A : いいえ，それはありますよ。

B : それはよかった。じゃ，ボールの
うちかたからおしえてくれませんか。

A : ええ，いいですよ。

146

68. 골프를 하고 싶은데요。

A : 골프를 하고 싶은데 가르쳐
　　주지 않겠습니까?

B : 예, 좋습니다。 그러면 도구는
　　가지고 있습니까?

A : 아니요, 갖고 있지 않습니다。

B : 그러면, 대여구두, 대여클럽도 없습니까?

A : 아니요, 그것은 있습니다.

B : 그것, 잘 되었습니다。
　　자, 그럼 볼 치는 법부터 가르쳐
　　주지않겠습니까?

A : 예, 좋습니다。

◇ コルフ : 골프 (golf)。
◇ したいんですが : 하고 싶습니다。
◇ かしぐつ : 대여 구두。
◇ かしクラブ : 대여 클럽。
◇ ボール : 공。
◇ おしえる : 가르치다, 일러주다, 알려주다。

69. えいがへいきましょうか。

A : あなたはえいががすきですか。

B : ええ，だいすきですよ。

A : じゃ，えいがにいきましょうか。

B : いいですよ。

A : メロドラマとアクションえいがと
どちらがすきですか。

B : わたしはアクションえいがのほうが
すきです。

A : スリラーとせいぶげきとでは
どちらがすきですか。

B : わたしはスリラーのほうがすきです。

69. 영화 보러 갈까요?

A : 당신은 영화를 좋아하십니까?

B : 예, 매우 좋아합니다。

A : 그럼 영화 보러 갈까요?

B : 좋습니다。

A : 멜로 드라마와 액션 영화 중 어느 쪽을
    좋아하십니까?

B : 나는 액션 영화쪽을 좋아합니다。

A : 스릴러와 서부극과는 어느 쪽을
    좋아하십니까?

B : 나는 스릴러 쪽을 좋아합니다。

◇ えいが(映画) : 영화。
◇ だいすき : 매우, 대단히。
◇ メロドラマ : 멜로 드라마 (melodrama)。
◇ アクションえいが : 액션 영화。
◇ どちらが : 어느 쪽이。
◇ スリラー : 스릴러(thriller)。
◇ せいぶげき : 서부극。

70. このえ，どうですか。

A：このえ，どうですか。

B：すばらしいですね。

　　ほんとうにいいできですよ。

A：らいしゅうのにちようび，

　　しゃせいにいくんですが

　　いっしょにいきませんか。

B：ええ，よろこんで。

※ 그림에 관한 단어

てんらんかい：전람회。

げいじゅつ：예술。

クレヨン：크레용。

ちょうこく：조각。

ちょうぞう：소상(塑像)。

ふうけいが：풍경화。

70. 이 그림, 어떻습니까?

A : 이 그림, 어떻습니까?
B : 훌륭하군요。
　　정말 볼만한 가치가 있어요。
A : 내주 일요일, 사생하러 가는데 같이 가지
　　않겠습니까?
B : 예, 기꺼이 가겠습니다。

◇ このえ : 이 그림 「え」: 그림。
◇ どう : 어떻게。
◇ すばらしい : 훌륭하다。
◇ らいしゅう : 내주(来週)。
◇ しゃせい : 사생(写生)。

71. あなたはとざんがすきですか。

A：あなたはとざんがすきですか。

B：はい，すきです。

A：ソウルのちかくにいいやまが
ありますか。

B：ありますよ。

A：どんなやまですか。

B：ドボンサン，サムガクサン，
ブッカンサンなどです。

A：どのやまがいちばんたかいですか。

B：ブッカンサンがいちばんたかいと
おもいます。

152

71. 당신은 등산을 좋아합니까?

A : 당신은 등산을 좋아합니까?
B : 예, 좋아합니다。
A : 서울 근교에 좋은 산이 있습니까?
B : 있고 말고요。
A : 어떤 산들이 있습니까?
B : 도봉산, 삼각산, 북한산 등입니다。
A : 어느 산이 제일 높습니까?
B : 북한산이 가장 높다고 생각합니다。

◇ とざん : 등산。
◇ ソウル : 서울(Seoul)。
◇ ちかくに : 근교에, 가까이에。
◇ やま : 산。
◇ ドボンサン : 도봉산。
◇ サムカクサン : 삼각산。
◇ ブッカンサン : 북한산。
◇ など : ～등등。
◇ いちばん : 제일。
◇ たかいですか : 높습니까?

72. どんなざっしをおとりになるのですか。

<ruby>돈<rt></rt></ruby> <ruby>나<rt></rt></ruby> <ruby>잣<rt></rt></ruby> <ruby>시오오도리니나루노데스까<rt></rt></ruby>

A : あなたはどんなしゅるいの
　　ざっしをおとりになるのですか。

B : わたしはぶんげいざっしを
　　とりたいのです。

A : ムナクササンはまだでていますか。

B : はい，でています。
　　あなたはどんなしゅるいのほんを
　　およみになりたいのですか。

A : わたしはいいしょうせつが
　　よみたいです。

72. 어떤 잡지를 보시렵니까?

A : 당신은 어떤 종류의 잡지를 보시겠습니까?

B : 나는 문예지를 신청하고 싶습니다.

A : 문학 사상지가 아직 나오고 있습니까?

B : 예, 나옵니다.

　　당신은 어떤 종류의 책이 읽고 싶습니까?

A : 나는 좋은 소설이 읽고 싶습니다。

◇ しゅるい : 종류。
◇ ざっし : 잡지。
◇ とる : 사들이다, 구입하다。
◇ ぶんげいざっし : 문예 잡지。
◇ まだ : 아직。
◇ でていますか : 나오고 있습니까?
◇ およみに : 읽어。
◇ いい : 좋은。
◇ しょうせつ : 소설。
◇ よみたいです : 읽고 싶습니다。

※ 잡지의 종류

たいしゅうざっし : 대중 잡지。
ふじんざっし : 부인 잡지。
げっかんざっし : 월간 잡지。

73. ラジオでもききましょう。
<small>라지오데모기끼마 쇼 오</small>

A : ラジオでもききましょう。
<small>라지오데모기끼마 쇼 오</small>

B : そうしましょう。
<small>소오시마 쇼 오</small>

A : きょうはなにがほうそうされて
<small>교 오와나니가호오소오사레떼</small>
いますか。
<small>이마스까</small>

B : ラジオドラマがあります。
<small>라지오도라마가아리마스</small>

A : ラジオばんぐみのなかでなにが
<small>라지오 방 구미노나까데나니가</small>
いちばんすきですか。
<small>이찌 방 스끼데스까</small>

B : わたしはおんがくばんぐみうが
<small>와 다 시 와 온 가꾸 방 구미오가</small>
いちばんすきです。
<small>이찌 방 스끼데스</small>

73. 라디오로도 듣습니다。

A : 라디오로도 듣습니다。

B : 좋습니다。

A : 오늘은 무슨 방송이 있습니다?

B : 라디오 드라마가 있습니다。

A : 라디오 프로에서 무엇을 제일 좋아
하십니까?

B : 나는 음악방송을 제일 좋아합니다。

◇ ラジオ : 라디오(radio)。
◇ ききましょう : 듣습니다。
◇ きょう : 오늘。
◇ なにが : 무엇이。
◇ ほうそう : 방송。
◇ ラジオドラマ : 라디오 드라마。
◇ ばんぐみ : 방송 프로。
◇ なかで : 중에서, 가운데에서。

74. <ruby>おきにいり<rt>오 끼 니 이 리 노</rt></ruby>のプ<ruby>ログラム<rt>로 구 라 무</rt></ruby>は<ruby>なん<rt>와 난</rt></ruby>で<ruby>すか<rt>데 스 까</rt></ruby>。

A：<ruby>チャン<rt>짠</rt></ruby>ネルを<ruby>まわして<rt>네 루 오 마 와 시 떼</rt></ruby>く<ruby>れません<rt>꾸 레 마 셍</rt></ruby>か。

B：<ruby>はい<rt>하 이</rt></ruby>。

A：<ruby>わたしは<rt>와 다 시 와</rt></ruby>よ<ruby>るやく<rt>루 야 꾸</rt></ruby>さ<ruby>ん<rt>산</rt></ruby>じ<ruby>かん<rt>지 깐</rt></ruby>

テ<ruby>レビ<rt>레 비 오</rt></ruby>を<ruby>みる<rt>미 룬</rt></ruby>ん<ruby>ですよ<rt>데 스 요</rt></ruby>。

B：<ruby>あなたの<rt>아 나 따 노</rt></ruby>お<ruby>きにいり<rt>끼 니 이 리 노</rt></ruby>のば<ruby>んぐみ<rt>반 구 미</rt></ruby>

<ruby>なん<rt>난</rt></ruby>で<ruby>すか<rt>데 스 까</rt></ruby>。

A：<ruby>わたしの<rt>와 다 시 노</rt></ruby>好<ruby>きな<rt>스 끼 나</rt></ruby>ば<ruby>んぐみ<rt>반 구 미</rt></ruby>は

<ruby>れんぞくげき<rt>렌 죠 구 게 끼</rt></ruby>で<ruby>す<rt>데 스</rt></ruby>。

74. 좋아하는 프로는 무엇입니까?

A : 채널을 돌려 주지 않겠습니까?

B : 예。

A : 나는 밤에 약 세 시간 텔레비전을 봅니다。

B : 당신이 좋아하는 프로는 어떤 것입니까?

A : 내가 좋아하는 프로는 연속극입니다。

◇ チャンネル : 채널(channel)。
◇ ばんぐみ : 프로그램(program)。
◇ やく : 약。
◇ さんじかん : 세 시간。
◇ テレビ : 텔레비전(television)。
◇ みます : 봅니다。
◇ おきにいり : 마음에 드는 일, 그러한 사람。
◇ なんですか : 무엇입니까?
◇ れんぞくげき : 연속극。

※ 텔레비전에 관한 단어

テレビタレント : T・V 탤런트。
れんぞくばんぐみ : 연속 프로그램。
きろくえいが : 기록 영화。
クイズばんぐみ : 퀴즈 프로그램。
こどもばんぐみ : 어린이 프로그램。

75. <ruby>なつのバカンスはいつですか<rt>나쓰노바 깡 스와이쯔데스까</rt></ruby>。

A：<ruby>なつのバカンスはいつですか<rt>나쓰노바 깡 스와이쯔데스까</rt></ruby>。

B：<ruby>たぶんはちがつでしょう<rt>다 분 하찌가쓰데 쇼 오</rt></ruby>。

A：<ruby>どこへいくつもりですか<rt>도꼬에이꾸쓰모리데스까</rt></ruby>。

B：<ruby>そうですね。かいがんへでも<rt>소오데스네 가이 깐 에데모</rt></ruby>
　　<ruby>いこうかとおもっています<rt>이꼬오까또오 못 데이마스</rt></ruby>。

A：<ruby>ごかぞくもごいっしょですか<rt>고 가조꾸모고 잇 쇼 데스 까</rt></ruby>。

B：<ruby>ええ，そうつもりです<rt>에에 소오쓰모리데스</rt></ruby>。

75. 여름 바캉스는 언제입니까?

A : 여름 바캉스는 언제입니까?
B : 아마 8 월에 있을 것입니다。
A : 어디로 가실 계획입니까?
B : 글쎄요, 어디 해변가나 갈까 생각합니다。
A : 가족도 함께 갑니까?
B : 예, 그렇게 할 작정입니다。

◇ なつ : 여름。
◇ バカンス : 바캉스(vacances)。
◇ いつですか : 언제입니까?
◇ はちがつ : 8 월。
◇ どこへ : 어디로。
◇ つもり : 예정, 생각, 셈, 심산。
◇ かいがん : 해변, 해변가。
◇ いこうかと : 갈까 하고。
◇ かぞく : 가족。

76. 료 꼬오 안 나이모시 떼구 레마스 까
りょこうあんないもしてくれますか。

A : 고꾸나이노 료 꼬오 안 나이모
こくないのりょこうあんないも

시 떼구 레 마스 까
してくれますか。

B : 에에 모찌론 데스
ええ，もちろんです。

A : 꾱 쥬 겐 부쓰오시따이또
キョンジュけんぶつをしたいと

오모이마시떼네
おもいましてね。

B : 소오데스 까
そうですか。

A : 아시따노 깃 뿌니마이아리마스 까
あしたのきっぷにまいありますか。

B : 하이 고자이마스
はい，ございます。

162

76. 여행 안내도 해 주십니까?

A : 국내 여행 안내도 해 주십니까?
B : 예, 물론입니다。
A : 경주 구경을 하고 싶은 생각이 있어서요。
B : 그렇습니까?
A : 내일 표 두 장 있을까요?
B : 예, 있습니다。

◇ こくない : 국내。
◇ りょこう : 여행。
◇ あんない : 안내。「りょこうあんないしょ」: 여행 안내소。
◇ キョンジュ : 경주。
◇ したい : 하고 싶다。
◇ きっぷ : 표。
◇ にまい : 두 장。

77. ゆうめいなおんせんはどこですか。

A: かんこくでいちばんゆうめいな
おんせんはどこですか。

B: スアンボおんせんです。

A: 大浴場もありますか。

B: ええ，あります。

A: たかくありませんか。

B: いいえ，とてもやすいです。

164

77. 유명한 온천은 어디입니까?

A : 한국에서 제일 유명한 온천은 어디입니까?
B : 수안보 온천입니다。
A : 대중탕도 있습니까?
B : 예, 있습니다。
A : 비싸지 않을까요?
B : 아닙니다。 매우 쌉니다。

◇ いちばん : 제일, 가장。
◇ ゆうめいな : 유명한, 이름난。
◇ おんせん : 온천。
◇ スアンボ : 수안보。
◇ だいよくじょう : 대중탕。
◇ たかく : 값이 비싼。
◇ やすい : 값이 싸다。

78. もみじはどこがきれいですか。

<small>모미지 와 도꼬가 기 레 이 데 스 까</small>

A：もみじはどこがきれいですか。
<small>모미지 와 도꼬가 기 레 이 데 스 까</small>

B：そうですね。かんこくではやっぱり
<small>소 오 데 스 네　　강 꼬꾸데 와　잇</small>

ソラクサンですね。
<small>소 라꾸 산 데 스 네</small>

A：そうですか。じゃ，ソラクサンに
<small>소 오 데 스 까　　쟈　　소 라 꾸 산 니</small>

いきましょうよ。
<small>이 끼마 쇼 오 요</small>

B：それじゃ，いついきましょうか。
<small>소 레 쟈　　이 쯔 이끼 마 쇼 오 까</small>

A：こんどのしゅうまつはどうですか。
<small>곤 도 노 슈 우마 쓰 와 도 오 데 스 까</small>

B：ええ，いいですよ。
<small>에 에　이 이 데 스 요</small>

166

78. 단풍은 어디가 아름답습니까?

A : 단풍은 어디가 아름답습니까?

B : 글쎄요, 한국에서는 역시 설악산이지요.

A : 그래요? 그럼, 설악산으로 갑시다.

B : 그럼, 언제 갑니까?

A : 이번 주말이 어떻습니까?

B : 예, 좋습니다.

◇ もみじ : 단풍.
◇ どこが : 어디가.
◇ きれい : 깨끗한 모양, 아름다운.
◇ かんこく : 한국.
◇ ソラクサン : 설악산.
◇ やっぱり : 본래, 역시.
◇ こんどの : 이번의.
◇ しゅうまつ : 주말(週末).
◇ いつ : 언제.

79. いつごろおでかけになるんですか。
（이쓰고로오데가께니나룬데스까）

A : いつごろおでかけになるんですか。
（이쓰고로오데까게니나룬데스까）

B : こんどのすいようびに
（곤도노스이요오비니）

しゅっぱつします。
（슛빠쓰시마스）

A : どちらへごりょこうなさるのですか。
（도찌라에고료꼬오나사루노데스까）

B : ソウルからワシントンにいきます。
（소우루가라와싱똔니이끼마스）

A : どのぐらいいらっしゃるんですか。
（도노구라이이랏샤룬데스까）

B : そうですね。にしゅうかんたいざい
（소오데스네니슈우깐다이쟈이）

するよていです。
（스루요떼이데스）

79. 언제쯤 떠나십니까?

A : 언제쯤 떠나십니까?

B : 다음 수요일에 출발합니다.

A : 어디로 여행을 가십니까?

B : 서울을 떠나 워싱턴으로 갑니다.

A : 얼마나 머물 생각입니까?

B : 글쎄요. 2주간 머물 예정입니다.

◇ いつごろ : 언제쯤.
◇ りょこう : 여행.
◇ すいようび : 수요일.
◇ しゅっぱつ : 출발.
◇ どちらへ : 어디로.
◇ ソウル : 서울(Seoul).
◇ たいざい : 체류, 다른 곳에서 오래 머무름.
◇ にしゅうかん : 2주간.
◇ ワシントン : 워싱턴(Washington).

80. プサンまでのきっぷをください。

뿌산 마데노 깃 뿌오구다사이

A：プサンまでのきっぷをください。
뿌산 마데노 깃 뿌오구다사이

プサンゆきのれっしゃはもう
뿌산 유끼노 렛샤 와모오

しゅっぱつしましたか。
슛 빠쓰시마시다까

B：いいえ，まだです。でもあと
이이에 마다데스 데모아도

じっぷんで しゅっぱつしますよ。
깃 뿐데 슛 빠쓰시마스요

170

80. 부산으로 가는 차표를 주십시오.

A : 부산으로 가는 차표를 주십시오.
　　　부산행 열차는 이미 떠났습니까?
B : 아니요, 아직 안 떠났습니다. 그러나,
　　　이제 10분 있으면 떠납니다.

◇ プサン : 부산(釜山)。
◇ まで : ～까지。
◇ きっぷ : 차표。
◇ ください : 주십시오。
◇ プサンゆきの : 부산행의。
◇ れっしゃ : 열차。「きしゃ」: 기차。
◇ しゅっぱつ : 출발。

※ 기차에 관한 단어
まちあいしつ : 대합실。
おうふく : 왕복。
のぼりれっしゃ : 상행 열차。
くだりれっしゃ : 하행 열차。
かいさつぐち : 개찰구。
あかぼう : 포오터, 역부。
きっぷうりば : 매표소。

81. プサンへはなにでいきましょうか。
뿌산 에와 나니데 이끼마 쇼 오까

A : ところで，プサンへはなにで
도꼬로데 뿌산 에와 나니데

いきましょうか。
이끼마 쇼 오까

B : 私はこうそくバスでいこうとおもって
와다시와 고오소꾸 바스데 이꼬오 또오 못 떼

いたんですが。
이 딴 데스가

A : そうですか。
소오데스까

B : 釜山までこうそくバスでどのくらい
뿌산마데 고오소꾸 바스데 도노구라이

かかるんですか。
가까룬 데스까

A : ごじかんたらずでしょう。
고지깡 다라즈데 쇼 오

B : 釜山までノンストップですか。
뿌산마데 논 스 돗 뿌데스까

A : いいえ，とちゅうでやくじっぷん
이이에 도 쮸 우데야꾸 짓 뿐

ぐらいやすみます。
구라이야스미마스

172

81. 부산에는 무엇으로 가시나요 ?

A : 그런데, 부산에는 무엇으로 가십니까 ?

B : 저는 고속버스로 가려고 생각하고
　　있었습니다。

A : 그렇습니까 ?

B : 부산까지 고속버스로 어느 정도 시간이
　　걸립니까 ?

A : 다섯 시간 남짓 걸리겠죠。

B : 부산까지 곧바로 직행하는 것입니까 ?

A : 아닙니다。 도중에서 약 10분 정도 쉽니다。

◇ バス : 버스(bus)。
◇ いこうと : 가려고。
◇ まで : ～까지。
◇ どのくらい : 어느 정도。
◇ ごじかん : 5시간。
◇ たらず :「たらない」(채 미치지 못함)의 문어적
　　표현。
◇ こうそく (高速) : 고속。
◇ とちゅう : 도중。

82. いっとうせんしつはまだあいていますか。

A : いっとうせんしつはまだあいて
いますか。

B : いいえ，もうすべてよやくずみです。

A : ではにとうせんしつのしんだいを
ひとつよやくしたいのですが。

B : なんじのびんになさいますか。

A : あさはちじのにのりたいの
ですが。

※ 선박 여행에 관한 단어
きゃくせん : 객선。
かもつせん : 화물선。
ていきせん : 정기선。
かんぱん : 갑판。
せんちょう : 선장。
れんらくせん : 연락선。

82. 일등 선실은 아직 남아 있습니까 ?

A : 일등 선실은 아직 남아 있습니까 ?

B : 아닙니다。 이미 모두 예약되었습니다。

A : 그러면 이등 선실 침대 하나 예약하고
　　싶은데요。

B : 몇 시 편으로 하시겠습니까 ?

A : 아침 8 시에 승선하고 싶은데요。

◇ いっとう : 일등。
◇ せんしつ : 선실(船室)。「ふね」: 선박, 배。
◇ まだ : 아직。
◇ あいていますか : 남아 있습니까 ?
◇ もう : 이미。
◇ すべて : 전체, 전부, 일체。
◇ よやく : 예약。
◇ にとうせんしつ : 이등 선실。
◇ しんだい : 침대。
◇ ひとつ : 하나。
◇ あさ : 아침。
◇ はちじ : 8 시。

83. ふねにはおつよいんですか。

A：ふねにはおつよいんですか。

B：あまり強いほうじゃありませんね。

A：そうですか。ぼくもふねに

よわくしてよくふなよいをするんです。

B：こうべをでてからげんかいなだに

さしかかるとゆれますね。

A：じゃ，あなたはどうしてふねに

なさるんですか。

B：わたしはべつにいそぐわけでもないし，

なんといってもふなたびのほうがたの

しいもんですからね。

83. 배에는 자신 있으십니까?

A : 배에는 자신 있으십니까?

B : 그다지 자신있는 편은 아닙니다。

A : 그렇습니까? 저도 배에는 약해서 심한
  배멀미를 한답니다。

B : 고베를 출발해서 현해탄에 나오면
  흔들리지요。

A : 그럼, 당신은 왜 배로 하십니까?

B : 저는 별로 바쁠 것도 없거니와, 뭐라고
  해도 선박 여행이 즐겁기 때문이죠。

◇ ふね : 배, 선박。
◇ つよい : 강하다。
◇ よわく : 약해서。
◇ よく : 심한。
◇ ふなよい : 배멀미。
◇ げんかいなだ : 현해탄。
◇ さしかかる : 당도하다。 그곳에 오다。
◇ ゆれます : 흔들립니다。
◇ べつに : 별로。
◇ いそぐわけでも : 급할 것도。
◇ ふなたび : 선박 여행。

84. ビザをもらいにきました。

A : すみません。

B : はい，なんでしょうか。

A : ビザをもらいにきたんですが。

B : にゅうこくのもくてきは何ですか。

A : かんこうです。

B : おしごとはなんですか。

A : いしゃです。

B : そうですか。はい，けっこうです。

　　よいごりょこうを。

A : どうも，ありがとうございました。

84. 비자를 받으러 왔습니다。

A : 실례합니다。

B : 네, 무슨 일인가요 ?

A : 비자를 받으러 왔습니다만。

B : 입국 목적은 무엇입니까 ?

A : 관광입니다。

B : 직업이 무엇입니까 ?

A : 의사입니다。

B : 그렇습니까? 네, 알았습니다。

　　즐거운 여행되시길。

A : 감사합니다。

———————————

◇ ビザ : 비자(visa)。
◇ にゅうこく : 입국。
◇ もくてき : 목적。
◇ かんこう : 관광。
◇ いしゃ : 의사。
◇ りょこう : 여행

85. ひこうきでいくのははじめてですか。

A : ひこうきでいくのははじめてですか。

B : ええ, はじめてです。

A : りょこうにひっようなしょるいはおもち
  ですか。

B : はい, りょけん, ビザ, イエローカード
  そしてこうくうけんをもっています。

A : りょこうもくてきはなんですか。

B : かんこうりょこうです。

A : なんじしゃっぱつのびんですか。

B : ごごごじです。

85. 비행기 여행은 처음이십니까?

A : 비행기로 떠나기는 처음이십니까?

B : 예, 처음입니다。

A : 여행에 필요한 서류는 가지고 계십니까?

B : 예。 여권, 비자, 주사 카드, 그리고
　　항공권을 가지고 **있습니다**。

A : 여행 목적은 무엇입니까?

B : 관광여행입니다。

A : 몇 시 출발입니까?

B : 오후 5시 입니다。

◇ ひこうき : 비행기。
◇ りょこう : 여행。
◇ しょるい : 서류。
◇ おもちですか : 가지고 있습니까?
◇ りょけん : 여권。
◇ ビザ : 비자(visa)。
◇ イエローカード : 주사 카드。
◇ こうくうけん : 항공권。
◇ なんじ : 몇 시。
◇ もくてき : 목적。

86. パスポートをみせてください。

A : パスポートをみせてください。

B : はい，どうぞ。

A : かんこくにどのくらいたいざいの
よていですか。

B : やくにしゅうかんです。

A : ほうもんのもくてきはなんですか。

B : かんこうです。

A : けっこうです。どうぞよい御旅行を。

B : どうも，ありがとうございます。

86. 여권을 보여 주십시오。

A : 여권을 보여 주십시오。

B : 예, 여기 있습니다。

A : 한국에 얼마 동안이나 머물 예정이십니까?

B : 약 2주간입니다。

A : 방문의 목적은 무엇입니까?

B : 관광입니다。

A : 좋습니다。 즐거운 여행이 되시기를。

B : 감사합니다。

◇ パスポート : 여권(passport)。
◇ かんこく : 한국。
◇ たいざい 체재。
◇ よてい : 예정。
◇ やく : 약(略)。
◇ にしゅうかん · 2주간。
◇ ほうもん : 방문。
◇ もくてき : 목적。
◇ かんこう : 관광。

87. こうくうけんはお持ちですか。
고오꾸우 껜 와오모찌데스까

A：ニューヨークゆきのカール
뉴 요 꾸유끼노까 루

ななひゃくななびんにのりたいの
나나 햐 꾸나나 빙 니노리다이노

ですが。
데스가

B：こうくうけんはお持ちですか。
고오꾸우 껜 와오모찌데스까

A：はい，ここにあります。
하이 고꼬니아리마스

B：それから，せきはどちらのほうに
소레까라 세끼와도찌라노호오니

なさいますか。
나사이마스까

A：そうですね。あのまえから
소오데스네 아노마에까라

さんばんめのまどぎわのところにして
산 반 메노마도기와노도꼬로니 시떼

ください。
구다사이

B：はい，かしこまりました。
하이 가시꼬마리마시따

184

87. 항공권을 가지고 계십니까?

A : 뉴욕행 대한 항공 707을 타려는데요。

B : 항공권을 가지고 계십니까?

A : 예, 여기 있습니다。

B : 그리고, 자리는 어느 쪽으로 하시겠습니까?

A : 글쎄요。 저 앞에서 세 번째의 창문곁으로
　　해 주세요。

B : 예, 알겠습니다。

◇ ニューヨーク : 뉴욕 (New York)。
◇ カル : 대한 항공(KAL)。
◇ ななひゃくななびん : 707편。
◇ こうくうけん : 항공권。
◇ ここに : 여기에。
◇ せき : 좌석。
◇ どちらのほうに : 어느 쪽으로。
◇ あのまえから : 저 앞에서부터。
◇ さんばんめの : 세 번째의。
◇ まどぎわ : 창가, 창문 곁。

돈 나노미모노가아 룬 데스 까
88. どんなのみものがあるんですか。

리 리꾸고 나니까오노미 니 나리마스까
A : りりくごなにかおのみになりますか。

돈 나노미모노가아 룬 데스 까
B : どんなのみものがあるんですか。

오 렌 지 쥬 스소시떼가꾸떼루데스
A : オレンジジュース そしてカクテルです。

쟈 오 렌 지 쥬 스오구다사이
B : じゃ，オレンジジュースをください。

유우 쇼 꾸고에이가오고 란 니
A : ゆうしょくごえいがをごらんに

나 리 마 스 까
なりますか。

에에 미마스
B : ええ，みます。

※ 비행기에 관한 단어
くうこう：공항。
ひこうじょう：비행장。
かっそうろ：활주로。
そうじゅうし：조종사。
ちゃくりく：착륙。
りりく：이륙。

88. 어떤 음료가 있습니까 ?

A : 이륙 후에 뭐 마실 것을 드릴까요?
B : 어떤 음료가 있습니까?
A : 오렌지 주스 그리고 칵테일이 있습니다。
B : 그럼, 오렌지 주스를 주시오。
A : 저녁 식사 후 영화를 보시겠습니까?
B : 예, 보지요。

◇ りりくご : 이륙 후。
◇ なにか : 무엇인가。
◇ どんなの : 어떤。
◇ のみもの : 음료。
◇ オレンジジュース : 오렌지 쥬스(orange juice)。
◇ そして : 그리고。
◇ カクテル : 칵테일(cocktail)。
◇ ゆうしょくご : 저녁 식사 후。
◇ えいが : 영화。

89. よていのじかんにつきますか。

<ruby>요떼이노지<rt></rt></ruby> <ruby>깐<rt></rt></ruby> <ruby>니쓰끼마스까<rt></rt></ruby>

A : ただいまりりくいたしますから,

ベルトをおしめください。

なにかごようがございましたら

ボタンをおおしください。

B : よていの時間につきますか。

A : はい, あとじっぷんでよていどおり

キムポくうこうにちゃくりく

いたします。

89. 예정 시간에 도착합니까?

A : 이제 곧 이륙하겠으니 벨트를 매어
　　주십시오。
　　볼 일이 있으시면 버튼을 눌러 주십시오。
B : 예정 시간에 도착합니까?
A : 예, 앞으로 10분 후에 예정대로
　　김포 공항에 착륙합니다。

◇ ただいま : 지금, 현재, 지금 곧。
◇ りりく : 이륙。
◇ ベルト : 벨트(belt)。
◇ おしめください : 졸라 매어 주십시오。
◇ よう : 용무。
◇ ボタン : 버튼。
◇ おす : 누르다。「おしください」: 눌러 주십시오。
◇ じかん : 시간。
◇ つきますか : 도착합니까?
◇ あと : 앞으로。
◇ よていどおり : 예정대로。
◇ キムポくうこう : 김포 공항。
◇ ちゃくりく : 착륙。

90. ぜいかんしんこくしょをください。

A: パスポートとぜいかんしんこくしょを
みせてください。

B: はい, ここにございます。

A: このはこはなんですか。

B: これはせいようにんぎょうです。
あけましょうか。

A: 何かとくべつにしんこくするものは
ありませんか。

B: はい, ありません。

A: いいでしょう。

B: ありがとうございます。

90. 세관 신고서를 주십시오。

A : 여권과 세관 신고서를 보여 주십시오。
B : 예, 여기 있습니다。
A : 이 상자는 무엇입니까 ?
B : 이것은 서양 인형입니다。 열어 볼까요 ?
A : 무엇이나 특별히 신고할 것은 없습니까 ?
B : 예, 없습니다。
A : 좋습니다。
B : 감사합니다。

◇ ぜいかん : 세관。
◇ しんこくしょ : 신고서。
◇ ここに : 여기에。
◇ はこ : 상자。
◇ せいよう : 서양。
◇ にんぎょう : 인형。
◇ あけましょうか . 열까요 ?
◇ とくべつに : 특별히。
◇ しんこく : 신고。
◇ ありませんか : 없습니까 ?

91. ようこそいらっしゃいました。

A : 田中さん，ようこそいらっしゃい
　　ました。

B : わざわざおでむかえくださって
　　ありがとう。

A : いいえ，どういたしまして。

B : このみちは「韓国のいりぐち」のためか，
　　りっぱなものですね。

A : ええ，さいきんはどうろのじじょうが
　　だいぶよくなっております。

B : あのどうぞうはどなたのですか。

A : ああ，あれはこぐりょじだいの
　　「乙支文徳」しょうぐんのどうぞうです。

91. 잘 오셨습니다。

A : 다나까씨, 잘 오셨습니다。

B : 일부러 마중나와 주셔서 감사합니다。

A : 아니, 별말씀을。

B : 이 길은 「한국의 입구」의 탓인지
　　훌륭하군요。

A : 예, 요즈음은 도로의 사정이 많이
　　좋아지고 있습니다。

B : 저 동상은 누구의 것입니까?

A : 아, 저것은 고구려 시대의 「을지 문덕」
　　장군의 동상입니다。

◇ わざわざ : 일부러, 특별히。
◇ でむかえ : 마중하다, 출영하다。
◇ いりぐち : 입구。
◇ りっぱな : 훌륭한。
◇ さいきん : 요즈음。
◇ どうぞう : 동상。
◇ こくりょじだい : 고구려 시대。
◇ しょうぐん : 장군。
◇ じじょう : 사정
◇ ため : 까닭, 이유, 원인, 목적。

92. でんわでよやくしておいたパクです。

A：きのう，でんわでよやくしておいた
　　パクですが。

B：いらっしゃいませ。

　　おまちしておりました。

　　どうぞこちらへ。

　　しずかでいいへやでございます。

A：もっと小さいへやはありませんか。

B：はい，ございます。

A：よくしつはついていますか。

B：シャワーだけになっております。

A：あさ，ろくじにおこしてください。

B：はい，かしこまりました。

194

92. 전화로 예약한 박입니다。

A : 어제, 전화로 예약한 박입니다만。
B : 어서 오십시오。
    기다리고 있었습니다。 이리로 오십시오。
    조용하고 좋은 방이 있습니다。
A : 좀 더 작은 방은 없습니까?
B : 예, 있습니다。
A : 욕실은 붙어 있습니까?
B : 샤워만으로 되어 있습니다。
A : 아침 6시에 일으켜(깨워) 주십시오。
B : 예, 잘 알았습니다。

◇ きのう : 어제。
◇ でんわ : 전화。
◇ パク : 박(朴)。
◇ おまちして : 기다리고。
◇ こちらへ : 이쪽으로。
◇ ちいさい : 작다。
◇ へや : 방。
◇ よくしつ : 욕실(浴室)。
◇ シャワー : 샤워(shower)。
◇ おこして : 일으켜。
◇ しずか : 조용함。

93. へやがひとつほしいんです。

A : こんばんへやがひとつほしいん
　　です が。

B : シングルですか，それとも
　　ダブルですか。

A : ダブルをおねがいします。

B : よやくはなさっていますか。

A : はい，プサンでよやくしました。

B : それではよやくかくにんしょを
　　お持ちでしょうか。

A : ええと，これですか。

B : ええ，そうです。

93. 방이 하나 필요합니다.

A : 오늘 밤 방이 하나 필요한데요.

B : 싱글입니까? 더블입니까?

A : 더블을 주십시오.

B : 예약은 되어 있습니까?

A : 예, 부산에서 예약했습니다.

B : 그러면, 예약 확인증을 가지고
　　계십니까?

A : 음, 이것입니까?

B : 예, 그렇습니다.

◇ ひとつ ：하나.
◇ ほしい ：필요하다, 가지고 싶다.
◇ シングル ：싱글(single).
◇ ダブル ：더블(double).
◇ それとも ：또는, 혹은.
◇ おねがいします ：바라는 일입니다. 바랍니다.
◇ よやく ：예약.
◇ よやくかくにん ：예약 확인.

94. カードにしょめいしてください。

A : ゆうべ，でんわでよやくしておいた
   キムですが。

B : はい，バスつきのシングルルームですね。

A : ええ，そうです。

B : どのくらいおとまりのごよていですか。

A : いっしゅかんのよていです。

B : では，このカードにしょめいして
   ください。

A : はい，これでいいですか。

B : ありがとうございます。
   ごようがございましたらでんわで
   おもうしつけくださいませ。

198

94. 카드에 서명해 주십시오.

A : 어제 저녁에 전화로 예약해 놓은 김인데요.

B : 예, 욕실이 붙은 싱글 룸이지요?

A : 예, 그렇습니다.

B : 얼마나 묵으실 예정이십니까?

A : 일주일 예정입니다.

B : 그러면, 이 카드에 서명해 주십시오.

A : 예, 이거면 됩니까?

B : 감사합니다.

　　볼 일이 있으시면 전화로 일러 주십시오.

◇ バスつき : 욕탕이 붙은.
◇ シングルルーム : 싱글룸(single room).
◇ いちばん : 제일.
◇ すこし : 조금.
◇ しょめい : 서명.
◇ ごよう : 용무
◇ カード : 카드(card).

95. あいでいるへやがありますか。
아 이 데 이 루 헤 야 가 아 리 마 스 까

A : いらっしゃいませ。
이 랏 샤 이마세

B : あいているへやがありますか。
아 이 데 이 루 헤 야 가 아 리 마 스 까

A : はい，どうぞおあがりくださいませ。
하 이 도 오 조 오 아 가 리 구 다 사 이 마 세

B : しずかなへやがいいんですが。
시 즈 까 나 헤 야 가 이 인 데 스 가

A : はなれにごあんないいたしましょう。
하 나 레 니 고 안 나 이 이 따 시 마 쇼 오

どのくらいおとまりでいらっしゃい
도 노 구 라 이 오 또 마 리 데 이 랏 샤 이

ますか。
마 스 까

B : 2,3日です。このへやはいくらですか。
니 산 니 찌 데 스 고 노 헤 야 와 이 꾸 라 데 스 까

こじんまりしていていいですね。
고 진 마 리 시 떼 이 떼 이 이 데 스 네

A : あさごはんとゆうごはんつきで，
아 사 고 항 또 유 우 고 항 쓰 끼 데

おひとりさまななせんえんでございます。
오 히 또 리 사 마 나 나 센 엔 데 고 자 이 마 스

95. 빈 방이 있습니까?

A : 어서 오십시오。

B : 빈 방이 있습니까?

A : 예, 어서 올라 오십시오。

B : 조용한 방이 필요한데요。

A : 별채로 안내해 드리지요。
   얼마나 묵으시겠습니까?

B : 2, 3일입니다。 이 방은 얼마입니까?
   아늑하고 좋은데요。

A : 조반과 저녁을 드리고 한 분에 7,000엔
   입니다。

◇ あいているへや : 빈 방。
◇ どうぞ : 아무쪼록, 부디, 제발。
◇ はなれに : 떨어져 있는 곳에, 별채에。
◇ ごあんない : 안내。
◇ にさんにち : 2, 3일。
◇ こじんまり : 작으면서도 청결하고 잘 짜여져 있
   는 모양。 아담한 모양。
◇ おひとりさま : 한 분。

96. やどちょうをとらせていただきます。

A：やどちょうをとらせていただきます。

B：はい，どうぞ。

A：おじゃまいたしました。すぐおふろに
なさいますか。
ただいまゆかたをもってまいりますが。

B：ええ，お願いします。

A：はい，かしこまりました。

202

96. 숙박계를 적어 주십시오。

A : 숙박계를 적어 주십시오。

B : 예, 여기 있습니다。

A : 폐가 되었습니다。 곧 목욕탕에
   드시겠습니까? 지금 유가다를 가져다
   드리겠습니다。

B : 예, 부탁합니다。

A : 네, 알겠습니다。

◇ やどちょう : 숙박계。
◇ とらせる : 받아들이게 하다。받게 하다。가지게
   하다。
◇ いただく : (받다)의 공손한 말。
◇ じゃま : 방해, 장해。「おじゃまいたしました」: 폐
   를 끼쳐드렸습니다。
◇ すぐ : 곧。
◇ ふろ : 목욕, 목욕하는 일。
◇ ゆかた : 목욕후 또는 여름에 입는 홑옷。
◇ たのむ : 의지하다, 바라다, 원하다, 맡기다。

97. おきゃくさま，こちらへどうぞ。

A : おきゃくさま，どうぞこちらへ。

B : カバンがおもいでしょう。

A : いいえ，そうでもありません。
エレベーターにどうぞ。

B : ななかいでしたね。

A : さようでございます。
さあ，ななかいにつきました。
このおへやでございます。

B : どうもごくろうさま。

97. 손님, 이리로 오십시오。

A : 손님, 이리로 오십시오。

B : 가방이 무겁죠?

A : 아닙니다。 그렇지도 않습니다。
　　 엘리베이터에 타십시오。

B : 7 층이지요?

A : 예, 그렇습니다。
　　 자, 7 층에 다왔습니다。
　　 이 방입니다。

B : 수고했어요。

◇ おきゃくさま : 손님。
◇ カバン : 가방。
◇ おもい : 무겁다, 중요하다。
◇ そうでも : 그렇지도。
◇ エレベータ : 엘리베이터(elevator)。
◇ ななかい : 7 층。
◇ つく : 다다르다, 도착하다, 닿다。
◇ へや : 방。

98. にもつはどれでございますか。

A : おにもつはどれでございますか。

B : このかばんひとつだけです。

A : では，どうぞこちらへ。

B : あんがいさっぱりしていて，
けっこうなへやですね。

A : おきにめしましたか。

B : ええ，ようじがあれば，
あとでよびますよ。

A : はい，かしこまりました。
では，おやすみなさい。

98. 짐은 어느 것입니까?

A : 짐은 어느 것입니까?

B : 이 가방 하나 뿐입니다.

A : 그럼, 이리로 오십시오.

B : 제법 깨끗하고 좋은 방이군요.

A : 마음에 드십니까?

B : 예, 뭐 볼 일이 있으면 부르지요.

A : 예, 알겠습니다.

　　　그럼, 안녕히 주무십시오.

◇ おにもつ : 짐。
◇ だけ : ～뿐。
◇ あんがい : 뜻밖에, 예상외로, 의외로。
◇ さっぱり : 깨끗한 모양, 단정한 모양。
◇ けっこう : 훌륭한 모양, 좋은 모양。
◇ おきにめす : 마음에 들다。
◇ よう : 용무, 볼 일。
◇ あとで : 나중에, 후에。
◇ よぶ : 외치다, 손짓해 부르다。
◇ やすみ : 쉼, 휴식。

99. ルーム・メイドがいますか。

　　　　　루　무　　　메 이 도 가 이 마 스 까
A：ルーム・メイドがいますか。

　　　하 이　　나 니 까 고 요 오 데 쇼　오 가
B：はい，なにかごようでしょうか。

　　　　죠　또 기 떼 구 레 마　셍　까
A：ちょっときてくれませんか。

　　　하 이　　가 시 꼬 마 리 마 시 따
B：はい，かしこまりました。

　　　오 요 비 니 나 리 마 시 따 까
C：およびになりましたか。

　　　에 에　　나 니 까　간　　딴　나　쇼 꾸 지 가
B：ええ，何かかんたんなしょくじが

　　데 끼 마　셍　까
　できませんか。

　　　소 오 데 스 네　　에 비 후 라 이 까 가 끼 후 라 이
C：そうですね。えびフライかかきフライ

　　　나 도 와 이 까 가 데 고 자 이 마　쇼　오 까
　などはいかがでございましょうか。

　　　소 레　쟈　　에 비 후 라 이 니 시 요 오 까 나
B：それじゃ，えびフライにしようかな

　　소 레 까 라 미 루 꾸 또
　それからミルクと。

208

99. 룸 메이드가 있습니까?

A : 룸 메이드가 있습니까?

B : 예, 무슨 용무가 계십니까?

A : 좀 와 주지 않겠습니까?

B : 예, 잘 알았습니다.

C : 부르셨습니까?

B : 예, 뭔가 간단한 식사를 할 수
　　없을까요?

C : 글쎄요。 새우 튀김이나 굴 프라이
　　등은 어떻겠습니까?

A : 그러면, 새우 튀김 조금하고
　　그리고, 밀크도。

◇ ルーム・メイド : 룸 메이드 (room maid)。
◇ なにか : 뭔가。
◇ ちょっと : 좀, 잠깐。
◇ かんたんな : 간단한。
◇ しょくじ : 식사。
◇ かきフライ : 굴 프라이(fry)。
◇ えびフライ : 새우 튀김。
◇ など : ～등등。

100. しんぶんをもってきてくれませんか。

A: ああ，もしもし，フロントですね。

　202ごうしつですが。

　しんぶんをもってきてくれませんか。

B: はい，かしこまりました。

A: しんぶんをもってまいりました。

B: どうもありがとう。

100. 신문 좀 가져다 주지 않겠습니까?

A : 아, 여보세요. 후론트지요?

　　202호실인데요.

　　신문 좀 가져다 주지 않겠습니까?

B : 예, 알겠습니다.

A : 신문을 가져 왔습니다.

B : 고마워요.

◇ もしもし : 여보세요。

◇ フロント : 후론트(front)。

◇ にひゃくにごうしつ : 202호실。

◇ しんぶん : 신문。

◇ もって : 가지고。

◇ まいりました : 「まいる」: (가다)의 겸양어。(오다)의 겸양어。왔습니다。

◇ かしこまる : 황송해 하다。죄송해 하다。(알다)의 겸손어。

101. ナイト・クラブがありますか。
나이또 구라부가아리마스까

A : このホテルにナイト・クラブが
고노호떼루나나이또 구라부가

ありますか。
아리마스까

B : ええ, ございます。
에에 고자이마스

A : わあ, このクラブのそうちはとても
와아 고노구라부노소오찌와도떼모

すてきですね。
스떼끼데스네

B : もうすぐショーがはじまりますよ。
모오스구 쇼ー가하지마리마스요

212

101. 나이트 클럽이 있습니까?

A : 이 호텔에 나이트 클럽이 있습니까?
B : 예, 있습니다。
A : 야! 이 클럽의 장치는 대단히 훌륭하군요。
B : 이제 곧 쇼가 시작 될 모양입니다。

◇ ナイト・クラブ : 나이트 클럽(night club)。
◇ そうち : 장치。
◇ とても : 매우, 대단히, 심히。
◇ すてき : 우수한 모양, 근사한 모양。
◇ もう : 멀지 않아。
◇ すぐ : 즉시, 곧。
◇ ショー : 쇼(show)。
◇ はじまる : 시작되다。

※ 호텔에 관한 단어
バースルーム : 욕실(bath room)。
ふろ : 목욕。
ねどこ : 잠 자리, 침상。
ふとん : 이부자리。
ベッド : 베드(bed)。
シャワー : 샤워(shower)。

102. おかんじょうをねがいします。

A : 私は，にひゃくにじゅうごうしつの
キムですが，おかんじょうを
おねがいします。

B : ありがとうございます。少少おまち
ください。こんなに早くおたちに
なるんですか。

A : ええ，しごとのつごうでね。

B : そうですか。

214

102. 계산 부탁합니다。

A : 나는 220호실의 김입니다만,
　　계산 부탁드립니다。
B : 감사합니다。 잠시 기다려 주십시오。
　　이렇게 빨리 떠나십니까?
A : 예, 일 때문에요。
B : 그렇습니까?

◇ にひゃくにじゅうごしつ : 220호실。
◇ かんじょう : 계산。
◇ ねがいます : 바랍니다。
◇ しょうしょう : 잠깐, 잠시。
◇ おまちください : 기다려 주십시오。
◇ しごと : 일, 작업。
◇ つごう : 형편。

103. かんこくのきこうはどうですか。
강 꼬꾸노기꼬오와도오데스까

A : かんこくのきこうはどうですか。
강 꼬꾸노기꼬오와도오데스까

B : かんこくはおんわなきこうだと
강 꼬꾸와 온 와나기꼬오다 또
おもいます。
오모이마스

A : あなたのくにのきこうはどうですか
아나따노구니노기꼬오와도오데스까
あついですか。
아쓰이데스까

B : いいえ, すずしいです。
이이에 스즈시이데스

※ こ・そ・あ・ど
この (이)   その (그)
これ (이것)   それ (그것)
こんな (이러한)   そんな (그러한)
ここ (여기)   その (거기)
あの (저)   どの (어느)
あれ (저것)   どれ (어느것)
あんな (저러한)   どんな (어떠한)
あそこ (저기)   どこ (어디)

216

103. 한국의 기후는 어떻습니까?

A : 한국의 기후는 어떻습니까?

B : 한국의 기후는 온화하다고 생각합니다.

A : 당신네 나라 기후는 어떻습니까?
   덥습니까?

B : 아니오, 서늘합니다.

◇ かんこく : 한국.
◇ きこう : 기후.
◇ どうか : 어떤가.
◇ おんわ : 온화.
◇ おもいます : 생각합니다.
◇ あつい : 덥다.
◇ すずしい : 서늘하다, 시원하다.

※ 날씨에 관한 단어
おんど : 온도.
しっき : 습기.
さむい : 춥다.
あつい : 덥다.
きおん : 기온.
あたたかい : 따뜻하다.

104. はるだというのにまださむいですね。

A：はるだというのにまださむいですね。

B：ええ，ほんとに。なんだかふゆよりも
もっとさむいようなきがしますね。

A：でも…。ほら，むこうのほうを
みてください。むらさきのかすみが
かかって…。

B：あっ，ほんとうですね。

A：やっぱりはるですね。

104. 봄이라고는 하지만 아직 춥군요。

A : 봄이라고는 하지만 아직 춥군요。

B : 예, 정말이예요。 어쩐지 겨울보다 더
    추운 것 같은데요。

A : 하지만…。
    저기, 저 쪽을 보세요。 보라빛 아지랑이가
    서리고…。

B : 아! 정말 그렇군요。

A : 역시 봄이예요。

◇ はる : 봄。
◇ ほんとに : 정말。
◇ なんだか : 어쩐지。
◇ より : ～보다。
◇ もっと : 더, 더욱, 그 위에。
◇ ような : ～같은, ～처럼。
◇ むこう : 저 쪽, 저 편。
◇ むらさき : 보라색。
◇ かすみ : 안개, 안개가 낌, 부옇게 잘 보이지 않
    는 현상。
◇ やっぱり : 전과 같이, 본디대로。

105. いちばんいいきせつはいつですか。

강　꼬꾸데 이 찌　방　이 이기세쓰 와
A : かんこくでいちばんいいきせつは

이쓰데스 까
いつですか。

이찌　넨　쥬　우데아끼가 이찌　방
B : いちねんじゅうであきがいちばん

스데끼데스네
すてきですね。

소우루노후유 와 사무이데스 까
A : ソウルのふゆはさむいですか。

하이　소우루노후유 와 다이　헨 사무이데스
B : はい，ソウルの冬はたいへん寒いです。

도오　꾜 오노 나쓰노 기꼬오 와
A : とおきょうのなつのきこうは

도오데스 까
どうですか。

우다루요오 나 아쓰 사데스요
B : うだるようなあつさですよ。

데스 까라　아쓰꾸떼 다마리마 셍　요
ですから，あつくてたまりませんよ。

105. 가장 좋은 계절은 언제입니까?

A : 한국에서 가장 좋은 계절은 언제입니까?
B : 일년 중에서 가을이 제일 좋습니다.
A : 서울의 겨울은 춥습니까?
B : 예, 서울의 겨울은 매우 춥습니다.
A : 도쿄의 여름 기후는 어떻습니까?
B : 찌는듯한 더위지요.
　　그래서, 더워 견딜 수 없습니다.

◇ いちばん : 제일, 가장。
◇ いい : 좋다。
◇ きせつ : 계절。
◇ いちねん : 일년。「いちねんじゅう」: 일년중。
◇ すきです : 좋습니다。
◇ ふゆ : 겨울。
◇ さむい : 춥다。
◇ なつ : 여름。
◇ うだる : 더위로 인해 약해지다, 나른해지다。
◇ あつさ : 더위。
◇ あつくて : 더워서。
◇ ですから : 그러므로

106. これがかんこくのいえですか。
<small>고레가 강 꼬꾸노이에데스까</small>

A : これがかんこくのいえですか。
<small>고레가 강 꼬꾸노이에데스 까</small>

B : はい, これがかんこくのいえです。
<small>하이 고레가 강 꼬꾸노이에데스</small>

A : ここはなんですか。
<small>고꼬와 난 데스 까</small>

B : ここはアンパンです。
<small>고꼬와 안 빵 데스</small>

A : では, だいどころはどこですか。
<small>데와 다이도꼬로와도꼬데스 까</small>

B : だいどころはそこです。
<small>다이도꼬로와소꼬데스</small>

A : そうですか。
<small>소오데스 까</small>

106. 이것이 한국 집입니까?

A : 이것이 한국 집입니까?
B : 예, 이것이 한국의 집입니다.
A : 여기는 무엇입니까?
B : 여기는 안방입니다.
A : 그럼, 부엌은 어디입니까?
B : 부엌은 저기입니다.
A : 그렇습니까?

◇ これが : 이것이。
◇ いえ : 집, 주택。
◇ なんですか : 무엇입니까?
◇ アンパン : 안방。
◇ じゃ : 그러면。
◇ だいどころ : 부엌。
◇ どこですか : 어디입니까?

107. ソウルにちかてつがありますか。
소우루니찌까떼쓰가아리마스까

A : ソウルにちかてつがありますか。
소우루니찌까떼쓰가아리마스까

B : ありますよ。
아리마스요

A : こみませんか。
고미마생까

B : こみません。それにとてもきれいで
고미마생 소레니도떼모기레이데

はやいのできもちがいいですよ。
하야이노데기모찌가이이데스요

A : いいですね。いつかいっしょにのって
이이데스네 이쓰까잇쇼니놋떼

みましょう。
미마쇼오

B : ええ, そうしましょう。
에에 소오시마쇼오

224

107. 서울에 지하철이 있습니까?

A : 서울에 지하철이 있습니까?

B : 있고 말고요。

A : 붐비지 않습니까?

B : 붐비지 않습니다。 거기에다 매우 깨끗하며
   또, 빨라서 아주 기분이 좋습니다。

A : 좋군요。 언제 한 번 같이 타 봅시다。

B : 예, 그럽시다。

◇ ちかてつ : 지하철。
◇ こむ : 가득차다, 붐비다。
◇ とても : 매우, 퍽。
◇ きれい : 아름다운 모양, 깨끗하고 맑은 모양。
◇ はやいので : 빨라서, 빠르기 때문에。
◇ いつか : 언젠가。
◇ いっしょに : 함께。
◇ のってみましょう : 타 봅시다。

108. にぎやかなところはどこですか。

니기야까나도꼬로와도꼬데스까

A : ソウルでいちばんにぎやかなと

소우루데이찌 방 니기야까나도

ころはどこですか。

고로와도꼬데스까

B : それはもちろん明洞ですよ。

소레와모찌론 명동데스요

A : そうですか。

소오데스까

しょうてんがいなんかも

쇼오뎅가이 난 까모

あるんでしょう。

아룬데쇼오

B : もちろんですよ。

모찌론데스요

A : じゃ、これからいちばのけんぶつに

쟈 고레까라이찌바노 겐 부쓰니

でもいってみませんか。

데모 잇 떼미마 셍 까

B : ええ、そうしましょう。

에에 소오시마 쇼 오

108. 번화한 곳은 어디입니까?

A : 서울에서 제일 번화한 곳은 어디입니까?

B : 그것은 물론 명동이지요。

A : 그렇습니까?

상가도 있는 거죠?

B : 물론입니다。

A : 그럼, 이제부터 시장구경이라도 가보지

않겠습니까?

B : 예, 그렇게 하시죠。

◇ ソウル : 서울。
◇ いちばん : 제일。
◇ にぎやか : 흥청거림, 번화함。
◇ いちば : 시장。
◇ もちろん : 물론。
◇ けんぶつ : 구경, 관람。
◇ じゃ : 「である」의 약어인 「では」가 변화된 것。
  〜하다, 〜하냐, 그러면。
◇ しょうてん : 상점, 가게。

109. あれがナムデムンですね。

A : ああ、あれがナムデムンですね。

B : そうです。

A : どうしてこれがこくほう第一号
なんですか。

B : それは、このたてものが
いまからやく580年まえに
たてられたんですが、
このたてものだけが、むかしその
ままのすがたをたもっているからです。

A : なるほど、そうですね。

109. 저것이 남대문이군요.

A : 아아, 저것이 남대문이군요。

B : 그렇습니다。

A : 어떻게 이것이 국보 제1호입니까?

B : 그것은, 지금으로부터 580년 전에 세워진 것입니다만 이 건물이 옛 그대로의 모습을 보존하고 있기 때문입니다。

A : 과연 그렇군요。

◇ あれが : 저것이。
◇ ナムデムン : 남대문。
◇ どうして : 어떻게。
◇ これが : 이것이。
◇ こくほう : 국보。
◇ たてもの : 건물。
◇ いまから : 지금까지。
◇ だけ : ~만。
◇ むかし : 옛날。
◇ すがた : 모습。
◇ から : ~부터, ~때문에。
◇ なるほど : 과연, 정말。

110. さいしょにどちらへいきましょうか。

A：さいしょにどちらへいきましょうか。

B：はくぶつかんはあいていますか。

A：にちようびにはしまっています。

B：じゃ，ピウォンにいってみたいですね。

A：そうですか。

　　じゃ，ピウォンにまいりましょう。

B：そこは，いいところですか。

A：ええ，いいところてすよ。

※ 관광에 관한 단어
あんない : 안내。
きねんひん : 기념품。
こっかいぎじどう : 국회 의사당。
どうぶつえん : 동물원。
しょくぶつえん : 식물원。
はくぶつかん : 박물관。

230

110. 처음에 어디로 가시겠습니까?

A : 처음에 어디로 가실까요?

B : 박물관은 열려 있습니까?

A : 일요일에는 닫혀 있습니다。

B : 그러면 비원에 가보고 싶은데요。

A : 그렇습니까? 그럼 비원으로 모시겠습니다。

B : 그곳은 볼만한 가치가 있습니까?

A : 예, 볼만합니다。

◇ さいしょ : 최초。
◇ どちらへ : 어디로。
◇ はくぶつかん : 박물관。
◇ あいて : 열려。
◇ ピウォン : 비원。
◇ にちようび : 일요일。
◇ しまって : 닫혀。
◇ いってみたいですね : 가보고 싶군요。
◇ じゃ : 그러면, 그럼。

111. トクスグンへごあんないいたします。

A : きょうは, りおうちょうじだいの
ごしょ, 徳寿宮へごあんないいたします。

B : いつごろたてられたんですか。

A : りおうちょうきゅうだいめのおうさまが
たてたものでございます。

B : あのせきぞうのたてものは, まるで
きんだいのきゅうでんみたいですね。

A : ええ, せんきゅうひゃくじゅうねんに
たてられた, だいかんていこく
さいしょのきゅうでんでございます。

111. 덕수궁을 안내해 드리겠습니다。

A : 오늘은 이씨 왕조 시대의 본궁인 덕수궁을
    안내해 드리겠습니다。

B : 언제쯤 세워진 것입니까?

A : 이씨 왕조 9 대 임금이 세운 것입니다。

B : 저 석조 건물은 그야말로 근대적
    궁전이군요。

A : 예, 1910년에 준공한 대한 제국의 최초의
    대궁전입니다。

◇ トクスグン : 덕수궁。
◇ りおうちょうじだい : 이씨 조선 시대。
◇ ごしょ : 본궁。
◇ ごろ : ～쯤, ～무렵, ～경(頃)。
◇ たてられたの : 세워진 것。
◇ おうさま : 왕, 임금。
◇ せきぞう : 석조。
◇ きんだい : 근대。
◇ だいかんていこく : 대한 제국。
◇ さいしょ : 최초。

112. ごあんないいたします。

A：チォムソンデはここからどのくらい

　　かかりますか。

B：ここからいちじかんくらいかかります。

A：すみませんがあんないして

　　いただけませんか。

B：はい、チォムソンデへごあんない

　　いたします。

　　チォムソンデは古代の天文台で昔の

　　人はこれで天体のうごきを観察した

　　そうです。

112. 안내하겠습니다

A : 첨성대는 여기서 어느 정도나 걸리겠습니까?

B : 여기서 한시간 정도 걸립니다。

A : 염치 없습니다만 안내해 주지 않겠습니까?

B : 예, 첨성대로 안내하겠습니다。
   첨성대는 고대의 천문대로서 옛날 사람은
   이것으로써 천체의 운행을 관찰했다고
   합니다。

◇ チョムソンテ : 첨성대。
◇ ここから : 여기에서。
◇ どのくらい : 어느 정도。
◇ いちじかん : 1 시간。
◇ こだい : 고대。
◇ てんもんだい : 천문대。
◇ かんさつ : 관찰。
◇ うごき : 움직임, 변화。

113. きょうはまずぎんざへいきましょう。

A : きょうはまずぎんざへいきましょう。

B : ぎんざへはタクシーでいくんですか。

A : いいえ，きょうはこくてつにのって
いきましょう。

B : これがやまのてせんというんですね。

A : そうです。

B : もうゆうらくちょうについたようですね。

A : ええ。

B : これがあさひしんぶんしゃです。

A : やはり，ずいぶんにぎやかですね。

113. 오늘은 우선 긴자에 가 보십시다.

A : 오늘은 우선 긴자에 가 보십시다.

B : 긴자에는 택시로 가는 겁니까?

A : 아니요, 오늘은 국철을 타고 갑시다.

B : 이것이 야마테선이라고 하는 것이지요?

A : 그렇습니다.

B : 벌써 유라쿠조오에 도착한 듯 합니다.

A : 예.

B : 이것이 아사이 신문사입니다.

B : 역시 매우 번화하군요.

◇ まず : 우선。
◇ タクシー : 택시。
◇ こくてつ : 국철(國電)。
◇ のって : 타고。
◇ やまのてせん : 야마테선(線)。
◇ ゆうらくちょう : 유락정(有樂町)。 도쿄
　거리 이름。
◇ あさひしんぶんしゃ : 아사히(朝日) 신문사。
◇ やはり : 역시。
◇ ずいぶん : 꽉, 몹시, 매우。

맛 따꾸하야이데스네
114. まったくはやいですね。

A：<ruby>東京行き<rt>도오꾜유끼</rt></ruby>のとっきゅうのなかでも
도오꾜유끼노 돗 뀨 우노나까데모

「ひかり」号がいちばんはやいんですか。
히 까리 고오가이찌 방 하야 인데스까

B：ええ，そうです。
에에 소오데스

A：まったくはやいですね。そとを
맛 따꾸하야이데스네 소또오

みてるとめがまわりますね。
미떼루또메가마와리마스네

B：ええ，このしんかんせんは
에에 고노신 깐 센 와

とうかいどうせんのなかでも
도오까이도오 센 노나까데모

あたらしくつくられたものなんですよ。
아따라시꾸쓰꾸라레따모노 난 데스요

しんかんせんははじめてでいらっしゃい
신 깐 센 와하지메떼데이랏 샤 이

ますか。
마스까

A：ええ，なにしろせんごはじめてのもの
에에 나니시로 셍 고하지메떼노모노

ですから…。
데스까라

238

114. 매우 빠르군요。

A : 도쿄행 특급 열차 중에서도
「히까리」가 제일 빠른 것입니까?

B : 예, 그렇습니다。

A : 매우 빠르군요。 바깥을 내다 보면,
아찔한데요。

B : 예, 이 신간선은 동해도선 중에서도
새로 만든 선로인데요。
신간선은 처음이십니까?

A : 예, 아뭏든 전후로는 처음이라서요…。

◇ とうきょうゆき : 도쿄행。
◇ とっきゅう : 특급。
◇ はやいんですか : 빠른 것입니까?
◇ そと : 바깥。
◇ めがまわります : (눈이 핑핑 돈다)는 뜻, 아찔
합니다。
◇ あたらしく : 새로이。
◇ つくられた : 만들어진。
◇ はじめて : 처음으로。
◇ せんご : 전후(戰後)。

115. タワーへあんないいたしましょう。

A : きょうはとうきょうタワーへ
あんないいたします。

B : そうですか。
あっ，あれがとうきょうタワーですね。

A : そうです。

B : ずいぶんたかいんですね。

A : タワーのたかさは三百三十三メートル
です。

B : いや，ここからとうきょうとないが
ひとめでみられますね。

A : このとくべつてんぼうだいはたかさが
二百五十メートルです。

240

115. 타워에 안내해 드리죠.

A : 오늘은 도쿄 타워에 안내하지요。

B : 그렇습니까 ?

　　아,　저것이 도쿄 타워군요。

A : 그렇습니다。

B : 굉장히 높군요。

A : 타워의 높이는 3백3십3미터
　　입니다。

B : 야! 여기에서 도쿄 시내가 한 눈에
　　보이는군요。

A : 이 특별 전망대는 높이가 250미터입니다。

◇ とうきょう : 도쿄　동경。
◇ タワー : 타워(tower)。
◇ ずいぶん : 퍽, 몹시, 아주。
◇ たかい : 높다。
◇ メートル : 미터(meter)。
◇ いや : 야아 ! (감탄사)。
◇ とない : 도내(동경시내)
◇ とくべつ : 특별。
◇ てんぼうだい : 전망대。

중요회화정리

● 인사말

오 하 요 오
おはよう。
안녕하세요? (아침에 하는 인사말. 공손하게 말할 때에는
「ございます」를 붙임.)

곤 니 찌 와
こんにちは。
안녕하십니까? (낮 동안의 인사말)

곰 방 와
こんばんは。
안녕하십니까? (저녁때의 인사말)

사 요 나 라
さようなら。
안녕히 계세요. (헤어질때의 인사말)

데 와 마 따 오 아 이 시 마 쇼 오
では, また おあいしましょう。
그럼 다시 만납시다.

● 안부

고 끼 겐 이 까 가 데 스 까
ごきげん いかがですか。
안녕하십니까?

오 까 게 사 마 데 겡 끼 데 스
おかげさまで げんきです。
덕분에 건강합니다.

고 노 고 로 도 오 데 스 까
このごろ どうですか。
요즈음 어떻습니까?

아 이 가 와 라 즈 데 스
あいかわらずです。
별일 없습니다.

도오조   오끼오쓰께데
どうぞ，おきをつけて。
몸조심 잘 하십시오.

● 소개

하 지 메 마 시 떼
はじめまして。
처음 뵙겠습니다.

오 아 이 데 끼 떼 우 레 시 이 데 스
おあいできて うれしいです。
만나뵙게 되어 반갑습니다.

와 다 시 와 리 데 스
わたしは 李です。
나는 이 입니다.

와 다 꾸 시 와 김 데 스
わたくしは 金です。
저는 김입니다.

도 오 조 요 로 시 꾸
どうぞ よろしく。
잘 부탁합니다.

● 고마울 때와 사과할 때

아 리 가 또 오 고 자 이 마 스
ありがとう ございます。
고맙습니다.

오 레 이 오 모 오 시 아 게 마 스
おれいを もうしあげます。
감사 말씀 드립니다.

혼 또 오 니 아 리 가 또 오
ほんとうに ありがとう。
매우 고마와요.

스 미 마 셍
すみません。
미안합니다.

고 멘 나 사 이
ごめんなさい。
미안합니다.

모 오 시 와 께 아 리 마 셍
もうし わけ ありません。
죄송합니다.

도 오 이 따 시 마 시 떼
どういたしまして。
천만에요, 괜찮아요.

겟 꼬 오 데 스
けっこうです。
괜찮습니다.

시 쯔 레 이 시 마 시 따
しつれいしました。
실례했습니다.

고 꾸 로 오 사 마 데 시 따
ごくろう さまでした。
수고하셨습니다.

●되물을 때와 말이 막혔을 때

모 오 잇 또 잇 데 구 다 사 이
もう一度 いって ください。
다시 한 번 말해 주세요.

기 끼 도 레 마 셍 데 시 따
きき とれま せんでした。
알아 듣지 못했습니다.

요 꾸 와 까 리 마 셍
よく わかりません。
잘 모르겠습니다.

소 오 데 스 네
そうですね。
글쎄요.

춋 또 맛 떼 구 다 사 이
ちょっと まって ください。
잠깐 기다려 주세요.

244

●방문

이 랏 샤 이 마 세
いらっしゃいませ。
어서 오십시오.

오 쟈 마 데 와 아 리 마 셍 까
おじゃまでは ありませんか。
방해가 되지 않겠습니까?

이 이 에 도 오 조 고 윳 꾸 리
いいえ, どうぞ ごゆっくり。
아니오, 천천히 놀다 가십시오.

소 로 소 로 오 이 도 마 이 따 시 마 스
そろそろおいとまいたします。
이제 그만 가야겠습니다.

마 따 오 이 데 구 다 사 이
また, おいでください。
또 오십시오.

●외출할 때와 귀가할 때

잇 떼 마 이 리 마 스
いってまいります。
다녀오겠습니다.

잇 떼 이 랏 샤 이
いっていらっしゃい。
다녀오십시오.

다 다 이 마
ただいま。
지금 돌아왔습니다.

오 까 에 리 나 사 이
おかえりなさい。
어서 돌아오십시오.

오 야 쓰 미 나 사 이
おやすみなさい。
안녕히 주무세요.

● 긍정할 때와 부정할 때

<small>하 이　소 오 데 스</small>
はい, そうです。
예, 그렇습니다.

<small>에 에　겟 꼬 오 데 스</small>
ええ, けっこうです。
예, 괜찮습니다.

<small>에 에　소 오 시 데 구 다 사 이</small>
ええ, そうしてください。
응, 그렇게 해요.

<small>이 이 에　소 오 쟈　아 리 마 셍</small>
いいえ, そうじゃ ありません。
아니오, 그렇지 않습니다.

<small>이 야　찌 가 이 마 스</small>
いや, ちがいます。
아닙니다.

● 무엇을 먹을 때

<small>도 오 조</small>
どうぞ。
청컨대・아무쪼록・부디・어서~하셔요.
（영어의 Please와 같은 말）

<small>고 찌 소 오 사 마</small>
ごちそうさま。
잘 먹었습니다.

<small>모 오 스 꼬 시　이 까 가 데 스 까</small>
もうすこし いかがですか。
좀 더 어떻습니까?

<small>모 오 다 꾸　산　데 스</small>
もうたくさんです。
이제 충분합니다. 많이 먹었습니다.

<small>도 떼 모 오 이 시 이 데 스 네</small>
とてもおいしいですね。
아주 맛이 좋군요.

246

● 식당에서

나니니 시마 쇼 오 까
なにに しましょうか。
무엇으로 하겠습니까?

메 뉴 오
メニューを。
차림표를.

강꼬꾸료오리니 시마스
韓国料理に します。
한국요리로 하겠습니다.

노미모노와 나니가 아리마스 까
のみものは なにが ありますか。
마실것은 무엇이 있습니까?

위 스끼 오 구다사이
ウイスキーを ください。
위스키를 주세요.

● 칭찬과 축하

스바라시이데스네
すばらしいですね。
훌륭하네요!

오메데또오 고자이마스
おめでとう ございます。
축하합니다.

단 죠 오비 오메데또오
たんじょうび おめでとう。
생일 축하합니다.

소레와 스바라시이
それは すばらしい。
그것 참 좋군요.

요꾸데끼마시다네
よくできましたね。
잘 해냈군.

● 길거리에서

<ruby>みち<rt>미 찌</rt></ruby>に<ruby>まよった<rt>마 욧 따</rt></ruby> <ruby>ようです<rt>요 오 데 스</rt></ruby>。
길을 잃은 것 같습니다.

<ruby>みち<rt>미 찌 오</rt></ruby>を <ruby>おしえて<rt>오 시 에 떼</rt></ruby> <ruby>ください<rt>구 다 사 이</rt></ruby>。
길을 가르쳐 주세요.

<ruby>あんないして<rt>안 나 이 시 떼</rt></ruby> <ruby>くれませんか<rt>구 레 마 센 까</rt></ruby>。
안내 해 주지 않겠습니까?

<ruby>ついてきてください<rt>쓰 이 데 기 떼 구 다 사 이</rt></ruby>。
따라 오세요.

<ruby>あそこに<rt>아 소 꼬 니</rt></ruby> <ruby>見えます<rt>미 에 마 스</rt></ruby>。
저기에 보이네요.

<ruby>まっすぐいきなさい<rt>맛 스 구 이 끼 나 사 이</rt></ruby>。
곧 바로 가세요.

<ruby>右に<rt>미 기 니</rt></ruby> <ruby>あります<rt>아 리 마 스</rt></ruby>。
오른쪽에 있습니다.

● 전화에서

<ruby>もしもし<rt>모 시 모 시</rt></ruby>。
여보세요.

<ruby>山田<rt>야 마 다</rt></ruby><ruby>さんを<rt>상 오</rt></ruby> <ruby>おねがいします<rt>오 네 가 이 시 마 스</rt></ruby>。
야마다씨를 부탁합니다.

<ruby>おまち<rt>오 마 찌</rt></ruby> <ruby>ください<rt>구 다 사 이</rt></ruby>。
기다려 주세요.

248

이 마　오 하 나 시 쮸 우 데 스 가
いま　おはなし中ですが。
지금 통화중인데요.

● 국제전화에서

고 찌 라 와 고 오 깐　　데 스
こちらはこうかんです。
여기는 교환입니다.

시 메 이 쓰 우 와　데 스 까
指名通話ですか。
지명통화 입니까?

고 꾸 사 이 뎅 와 오　오 네 가 이 시 마 스
国際電話を　おねがいします。
국제 전화를 부탁합니다.

니 혼 노　오 오 사 까 데 스
日本の　大阪です。
일본의 오오사까입니다.

쥬 신 닌　바 라 이 데 스
受信人　払いです。
수신인 지불입니다.

● 여행

요 야 꾸 오 시 따　인　데 스 가
予約をしたいんですが。
예약을 하고 싶습니다만.

체　구 인 또　체　구 아 웃 또 와 난 지 데 스 까
チェックインとチェックアウトは何時ですか。
체크인과 체크아웃은 몇시입니까?

빠 스 뽀　또 오 미 세 떼 구 다 사 이
パスポートを見せて下さい。
여권을 보여 주십시오.

시 나 이 겐 부 쯔 오 시 따　인　데 스 가
市内見物をしたいんですが。
시내구경을 하고 싶습니다만.

● 교통을 이용할 때

고노 바스와 동대문에 이끼마스까
この バスは 東大門へ 行きますか。
이 버스 동대문 갑니까?

유 끼노 뎅 샤 와 도꼬데노레바이이데스까
～行 きの でんしゃは どこでのればいいですか。
～행 전차는 어디서 타면 됩니까?

마데노 깃 뿌오 구다사이
～までの きっぷを 下さい。
～까지의 표를 주십시오.

고노 렛샤와 도꼬니 이끼마스까
この 列車は どこに いきますか。
이 열차는 어디에 갑니까?

난지깐 가까리마스까
何時間 かかりますか。
몇 시간 걸립니까?

자세끼오 요야꾸시떼 구다사이
座席を 予約して ください。
좌석이나 예약해 주세요.

다이강꼬오꾸오오 리요오시마스
大韓航空を 利用します。
대한항공을 이용합니다.

다꾸시 와 도꼬데 노리마스까
タクシーは どこで のりますか。
택시는 어디서 탑니까?

고꼬마데 잇떼 구다사이
ここまで いって ください。
여기까지 가 주세요.

이꾸라데스까
いくらですか。
얼마입니까?

오쓰리와 이이데스
おつりは いいです。
거스름은 가지세요.

● 공항에서

니모쓰와 난 꼬 데 스 까
荷物は何個ですか。
짐은 몇 개 입니까?

료 껜오 오모 찌데스 까
旅券を お持ちですか。
여권을 가지고 계십니까?

니 모쓰 노 히끼까에쇼오데 스
荷物の引換証です。
화물의 인환권입니다.

도오죠오껜 와
搭乗券は。
탑승권은…

이 마 고 꼬와 난 지 데 스 까
いま ここは 何時ですか。
지금 서울은 몇 시입니까?

도 노 구 라 이 다이자이시 마 스 까
どのくらい。滞在しますか。
얼마나 머물 것입니까?

야꾸 니 슈우 깐 데 스
約2週間です。
약 2 주일입니다.

뉴우꼬꾸모꾸데끼와 난 데 스 까
入国目的は 何ですか。
입국목적은 무엇입니까?

간 꼬오 데 스
観光です。
관광입니다.

신 꼬꾸스 루 모노 와
申告する物は…。
신고할 물건은?

나니모 아 리 마 셍
何も ありません。
아무것도 없습니다.

かばんを あけて くれませんか。
가방을 열어 주지 않겠습니까?

● 호텔에서

いらっしゃいませ。
어서 오십시오.

よやくは してありますか。
예약은 되어 있습니까?

ここに サインして ください。
여기에 사인해 주세요.

一人部屋ですか。
싱글입니까?

二人 部屋に します。
더블로 하겠습니다.

トラベラーズチェックを 換えたいんですが。
여행자수표를 바꾸고 싶은데요.

何をお持ちしましょうか。
무엇을 갖다 드릴까요?

あす 六時に 起こして ください。
내일 6시에 깨워 주세요.

クリーニングが できますか。
세탁을 할 수 있습니까?

いつできあがりますか。
언제 다 됩니까?

고오께이 이 꾸 라 데 스 까
合計 いくらですか。
합계 얼마입니까?

니 마 엔 데 고 자 이 마 스
二万円でございます。
2만엔입니다.

●위급할 때

뵤오인 와 도 찌 라 데 스 까
病院は どちらですか。
병원은 어디입니까?

이 샤 오 욘 데 구 레 마 셍 까
医者を 呼んで くれませんか。
의사를 불러 주지 않겠습니까?

구우 꾸우샤 오 욘 데 구 다 사 이
救急車を 呼んで ください。
구급차를 불러 주세요.

가 메 라 오 도 라 레 마 시 따
カメラを とられました。
카메라를 빼앗겼습니다.

깃 뿌 오무시나 이 마 시 따
切符を 失いました。
표를 잃었습니다.

게이사쓰와 도 찌 라 데 스 까
警察は どちらですか。
경찰은 어디입니까?

●쇼핑

나니오 오 미 세 시 마 쇼 오 까
何を お見せしましょうか。
무엇을 보여 드릴까요?

찌이사 이 노 가 아 리 마 스 까
小さいのが ありますか。
작은 것은 없습니까?

明るい 色のを ください。

아까루 이　이로노오　구다사이

밝은 색의 것을 주세요.

これは いかがですか。

고레와　이까가데스까

이것은 어떻습니까?

これを くたさい。

고레오　구다사이

이걸 주세요.

また きます。

마따　기마스

또 오겠습니다.

それは 高すぎます。

소레와　다까스기마스

그건 너무 비쌉니다.

少し 安ぐなりませんか。

스꼬시　야쓰구나리마 셍　까

좀 싸게 안됩니까?

일본어회화

인쇄일 　2007년 3월 10일 인쇄
발행일 　2007년 3월 20일 발행

편 저 자 : 편 집 부
발 행 자 : 김 종 진
발 행 처 : **은 광 사**

등　　록 : 제18-71호
등록날짜: 1997. 1. 8.
주　　소 : 서울시 중랑구 망우동 503-11
전　　화 : 763-1258, 764-1258

※ 잘못된 책은 교환해 드립니다.

정 가 7,000원